W9-AAM-768

FRENCH CORRUPTION

DES MÊMES AUTEURS

De Gérard Davet et Fabrice Lhomme

Sarko m'a tuer, *Stock, 2011*
L'homme qui voulut être roi, *Stock, 2013*

De Fabrice Lhomme

Le Procès du tour, *Denoël, 2000*
Renaud Van Ruymbeke : le juge, *éditions Privé, 2007*
Le Contrat : Karachi, l'affaire que Sarkozy voudrait
    oublier *(avec Fabrice Arfi), Stock, 2010*

www.lhomme-davet.fr

Gérard Davet
Fabrice Lhomme

FRENCH CORRUPTION

Stock

Couverture Atelier Didier Thimonier

ISBN 978-2-234-07540-5

© Éditions Stock, 2013

Aux quatre apprentis journalistes, amateurs de foot, de musiques violentes et de jolies filles, entre autres menus plaisirs, qui se croisèrent un jour dans les couloirs du Parisien, pour ne plus jamais se perdre de vue...

G.D.

À la mémoire de mon ami Lennart Reichenbach, parti prématurément ; pour sa courageuse femme Mairéad, et leurs trois adorables enfants, Marianne, Joe et John.

Aux femmes de ma vie, ma compagne Jane, sa maman, sa fille, ma mère, ma grand-mère, ma sœur, mon ex-épouse Virginie et, bien sûr, mes deux trésors, Emma et Natacha.

F.L.

En souvenir de Jean-Marc Roberts, magnifique écrivain et formidable éditeur, qui a toujours cru en nous, soutenant chacune de nos entreprises, un homme d'une immense qualité, dont la disparition nous a laissés, comme tant d'autres, inconsolables...

Un grand merci à Fabrice Arfi, qui a accompagné ce projet à ses débuts.

G.D. et F.L.

La République... La corruption sans doute y paraît plus grande que dans les monarchies. Cela tient au nombre et à la diversité des gens qui sont portés au pouvoir.

Anatole France

PRÉFACE

Cet homme a très mauvaise réputation. Au mieux, il est considéré par le microcosme parisien comme un triste vestige des années 1990, dépassé par un scandale politico-financier qui lui a coûté sa carrière. Au pire, il incarne une droite corrompue et sans vergogne. Comme souvent, la vérité est bien plus subtile.

Didier Schuller, qui a fêté ses 66 ans le 8 juin 2013, est un rescapé, presque un miraculé, et il le sait. C'est l'homme qui sait tout, mais qui n'a jamais rien dit. Le type qui a baigné toute sa vie dans l'argent facile et symbolisé, parfois à son corps défendant, la débauche en politique. Mais surtout, il figure l'élu sur qui l'on pouvait compter, le porteur de valises fiable, discret. Évidemment, il a été lâché par tous ses « amis » dès que la forte bise judiciaire a soufflé. Et a fini par disparaître des radars, méprisé, ignoré par tous...

Il faut se méfier des hommes trahis. Des pécheurs en quête de rédemption. Des fantômes de la République. Didier Schuller a su nous convaincre de l'intérêt de l'écouter. Et même de le croire, vérifications faites, dans la limite des possibilités offertes à des journalistes...

S'il s'était confié aux juges dès 2002, lors de son retour en France après un exil « forcé » et voulu par le tout-RPR, balladuriens et chiraquiens pour une fois unis, la face de l'histoire aurait pu en être changée. Ainsi, peut-être Nicolas Sarkozy n'aurait-il pas été élu président de la République en 2007, tant les confessions de Schuller sont explosives, et, s'agissant des principales malversations dont il fut le témoin et parfois l'acteur, sa mémoire sans faille. Les juges se seraient évidemment emparés de ses déclarations, des enquêtes auraient éclaboussé, voire condamné, la « bande du 92 ». Mais longtemps, Schuller s'est tu. Jusqu'à aujourd'hui.

D'emblée, il avait prévenu : il était prêt à se mettre à table, à tout raconter, enfin, mais il ne voulait pas que sa démarche soit mal interprétée. Pas question de le faire passer pour un mauvais perdant, un revanchard, un homme aigri, guidé par la rancune. D'ailleurs, il le reconnaît lui-même, il n'a pas grand-chose à gagner à tout déballer.

Juste le besoin irrépressible, à l'automne de sa vie, de se mettre en accord avec lui-même : « Je n'ai pas décidé de parler pour me venger, mais d'abord pour laver mon honneur. *I want to clean my name*", comme disent si bien les Anglo-Saxons. Et puis, j'entends aussi instruire les Français, qu'ils sachent ce qu'est vraiment la vie politique, leur révéler l'envers du décor, sans langue de bois. »

Didier Schuller a tenu parole, bien au-delà de ce que l'on pouvait imaginer.

Au fil d'innombrables rendez-vous, de milliers d'heures d'entretiens, réalisés entre 2008 et 2013, l'ancien conseiller général des Hauts-de-Seine s'est livré comme jamais, revenant sur son itinéraire singulier, le parcours d'un homme dont le destin aura épousé celui de la Ve République, depuis le départ du général de Gaulle. Georges Pompidou, Valéry Giscard d'Estaing, François Mitterrand, Jacques Chirac, Nicolas Sarkozy bien sûr…

Il les a tous connus.

Il fut longtemps l'un de ces obscurs hauts fonctionnaires qui arpentent les cabinets ministériels, passage obligé pour tout candidat à une carrière politique digne de ce nom. L'ascension de Didier Schuller sembla d'abord irrésistible, jusqu'au déclenchement en 1994 de cette incroyable affaire de déstabilisation du juge Éric Halphen à laquelle il a laissé son nom – et une part de sa réputation.

La suite ne fut qu'une longue purge, une fuite dans la panique, un exil dans les Caraïbes, des séjours dans des villas de rêve aux allures de prisons dorées, puis un retour précipité en France, un passage par la maison d'arrêt de la Santé, la condamnation et la déchéance – pas seulement de ses droits civiques…

Il a connu le port du bracelet électronique, les regards gênés de ses anciens collègues qui se détournent sur son passage, les trahisons multiples, la ruine, la rupture avec sa sœur puis son fils, et même, à son retour en France, un cancer…

Il a accepté l'infamie. Assumé ses travers. Il n'a jamais vraiment été un décideur, plutôt un fidèle exécutant, qui n'a pas su, ou voulu, se rebeller. Surtout, comme mithridatisé, il a tiré de ses mésaventures une énergie et un optimisme incroyables. Il n'a jamais eu autant de projets en tête. Il fait des affaires, jouant les *go-between* pour des entreprises françaises désireuses de décrocher des contrats à l'export. Se réfugie dès qu'il le peut dans sa résidence alsacienne, où il s'adonne à la chasse, l'une de ses grandes passions, avec la politique. Et les femmes.

Il rêve surtout d'un retour triomphal à Clichy-la-Garenne (Hauts-de-Seine), où, à la surprise générale, il a décidé de se présenter à l'élection municipale de 2014. Rafler la mairie, enfin – cette fois en honnête homme, il le jure. Comme un ultime pied de nez à ses anciens amis, à ses détracteurs, aux commentateurs…

Au destin, tout simplement.

Il fallait le voir, en cette fin d'année 2012, faire la tournée des marchés dans cette commune populaire de la banlieue nord de Paris, comme au bon vieux temps, serrant des mains, embrassant les mamies, s'assurant de son aura intacte, pour comprendre. Prendre la mesure d'un personnage étonnant.

Bon vivant, jouisseur, hâbleur, chaleureux, sympathique, naïf, provocateur, grivois, opportuniste, cynique. Il est tout cela. Et plus encore. « Avec Schuller, on est toujours entre Balzac et Leblanc, entre Vautrin et Arsène Lupin, avec des dialogues à la Audiard », résumait avec justesse en février 2002 Éric Zemmour, dans les colonnes du *Figaro*. Avec son bagout de VRP, Didier Schuller a des allures de bonimenteur, c'est vrai.

Mais il serait injuste de le réduire à sa caricature. C'est un homme touchant aussi, comme ce matin d'hiver où il nous conduisit devant l'entrée du sinistre Struthof, le seul camp de concentration français, situé au cœur de l'Alsace. Là, devant les barbelés intacts, il repensera aux membres de sa famille massacrés par les nazis (sa mère était l'une des héritières d'une riche famille juive, installée en Allemagne depuis le XIIIe siècle et fondatrice des porcelaines Rosenthal), et en particulier à ce frère qu'il n'a pas connu, fusillé en 1944, à 18 ans, pour sa participation active à la Résistance...

Et puis, une fois dans la voiture, après avoir dépassé la petite chambre à gaz attenante au camp, il a recommencé à plaisanter.

Didier Schuller a une caractéristique : il ponctue la plupart de ses phrases de sonores éclats de rire, au souvenir de telle ou telle scène qui lui revient en mémoire. Il a vécu et vu tellement de choses... Cet homme est, à sa façon, un privilégié.

Son témoignage, unique, donne le tournis, parfois la nausée, aussi. En prendre connaissance signifie accepter de plonger dans les bas-fonds de notre République, dont Didier Schuller met crûment au jour la face obscure. Intégrer l'idée plutôt dérangeante que certains responsables politiques français ont des comportements de malfrats, dignes des truands immortalisés en 1971 par William Friedkin dans son film mythique, *French Connection*.

Mais ici on trafique plus l'influence que la drogue, on s'échange des mallettes remplies de grosses coupures et non d'héroïne, on ne rackette pas des petits commerçants dans des rues mal famées mais les P-DG de grandes entreprises dans les lobbys des hôtels cinq étoiles...

À la faveur de ce testament politique sans précédent, Didier Schuller révèle en fait ce que les initiés savent, mais que personne ne dit jamais. Ce livre décrit une démocratie gangrenée par l'argent, le favoritisme, la concussion, les passe-droits, les conflits d'intérêts et autres abus de pouvoir... Une république bananière, finalement, où la corruption y est autant morale que financière. « *Fraus omnia corrumpit* », dit l'adage latin. La fraude corrompt tout.

Ni Robin des Bois ni « balance », Didier Schuller veut simplement en finir avec l'hypocrisie générale et l'omerta. Témoigner pour l'histoire. Oui, dit-il, en France, tout s'achète, même les élections – et les élus.

Lui a conservé ses propres principes : le « sponso-ring » de la vie publique par les entreprises ne le gêne pas, mais l'enrichissement personnel des politiciens le choque. Sur ce point, il n'a peut-être pas encore tout dit. Trop dangereux. À propos d'un personnage évoqué dans cet ouvrage, ne nous a-t-il pas confié, un soir du printemps 2013, attablé à La Rotonde, une célèbre brasserie de Montparnasse, devant une impressionnante côte de bœuf : « Faites quand même très attention à ce que vous allez écrire, les gars, cet homme a des appuis dans le grand banditisme, je peux en témoigner. Il connaît de gros voyous, de vrais méchants. Ces histoires-là, c'est un coup à se faire renverser malencontreusement par une voiture ou même à se prendre une balle. »

Pour une fois, Didier Schuller ne rigolait pas du tout. Nous n'avons pas tenu compte de ses aver-tissements… Toutefois, bien sûr, nous n'avons pas retranscrit toutes ses confidences. Certaines rele-vaient uniquement de la vie privée. D'autres étaient fondées sur des rumeurs.

Nous avons conservé les propos traitant de faits d'intérêt public dont il fut le témoin direct. Lorsque cela était possible, nous avons tenté de les vérifier. Conformément à nos principes, nous avons écarté toute déclaration anonyme, et donné la parole aux personnes mises en cause. Certaines d'entre elles n'ont pas voulu s'exprimer, ce qui est leur droit le plus strict.

On objectera que Schuller n'est pas un modèle de vertu – il en convient, du reste. Mais n'est-ce pas le propre, justement, de ce type de témoin ? Aucune source n'est parfaite. Surtout, qui mieux que celui qui y a assisté, et parfois participé, peut évoquer de manière autorisée les méthodes de type mafieux dénoncées ici ? Même si certaines de ses déclarations sont, par nature, invérifiables, qu'elles feront sans doute l'objet de contestations, qu'on accusera leur auteur d'être subjectif, de régler ses comptes ou d'accuser parfois sans preuve, quitte à faire parler des morts, le vrai scandale aurait été, en réalité, de ne pas les révéler. Nous publions d'ores et déjà plusieurs démentis opposés, par des personnes mises en cause, aux accusations de Schuller. Ce dernier les a accueillis avec sérénité. « Vous vous attendiez peut-être à ce qu'ils reconnaissent avoir commis des délits, truqué des marchés, touché des fonds occultes ? » a-t-il ironisé.

Les accusations de Didier Schuller ne sont pas sans rappeler les fameuses confessions posthumes du promoteur Jean-Claude Méry, exhumées par *Le Monde* en septembre 2000. Dans une cassette vidéo passée à la postérité, l'ancien financier occulte du RPR – Schuller l'a bien connu, il l'évoque dans cet ouvrage – racontait notamment avoir remis 5 millions de francs en espèces à Jacques Chirac le 5 octobre 1986. Au moment de la publication de ses révélations, Jean-Claude Méry, sorti exsangue d'un long séjour en prison, était mort depuis un an.

Didier Schuller, lui, est bien vivant. Et prêt à confirmer ses accusations, à assumer sa démarche, qu'il veut rédemptrice, jusqu'au bout.

Lorsqu'il recueille un témoignage de cette importance, tout journaliste qui se respecte se doit de répondre à deux questions majeures : l'interlocuteur est-il crédible ? Ses propos doivent-ils être publiés, même quand le nécessaire besoin de les recouper se révèle difficile ?

À ces deux interrogations, nous avons répondu par l'affirmative. La crédibilité, d'abord. Nous connaissons Didier Schuller depuis 2002 et son retour d'exil. Et nous avons quasiment « vécu » avec lui ces cinq dernières années, à partir du moment où germa dans notre esprit l'idée de faire se confesser cet « enfant du siècle ». Jamais nous n'avons pu le prendre en défaut. Nous l'avons parfois testé sans qu'il le sache, lui posant les mêmes questions à plusieurs années d'intervalle, pour être certains que ses souvenirs n'étaient pas à géométrie variable. L'homme est parfois versatile sur la forme, mais toujours ferme sur le fond. D'ailleurs, même ses accusations les plus fracassantes nous ont été confirmées. Ainsi, et c'est l'un des nombreux scoops de cet ouvrage, Julio R. Cordero, ex-ministre de l'Éducation nationale de la République dominicaine, nous a assuré, étayant les informations fournies par Schuller, que Jacques Chirac en personne était bien intervenu auprès de son homologue de Saint-Domingue pour empêcher, en 2002, le retour à Paris du paria du RPR...

Il ne s'est jamais contredit, malgré quelques hésitations, parfois, sur certaines dates, compréhensibles lorsqu'il s'agissait d'événements très anciens. Sur l'essentiel, il n'a jamais dévié d'un pouce. En outre – pure coïncidence –, au moment où nous recueillions ses confessions les plus spectaculaires, courant 2013, l'évolution de l'enquête judiciaire sur le financement illicite de la campagne présidentielle d'Édouard Balladur en 1995 venait, chaque jour ou presque, les conforter. Les juges ont ainsi pu établir, grâce à des investigations poussées et aux aveux (tardifs) de l'intermédiaire Ziad Takkiedine, que l'entourage proche de Nicolas Sarkozy, de Brice Hortefeux à Thierry Gaubert en passant par Nicolas Bazire, avait joué un rôle éminemment trouble dans la valse des valises de billets orchestrée autour d'Édouard Balladur. Oui, à cette époque-là, tout était possible, et le cash irriguait les canaux politiques... Et à en croire Didier Schuller, rien n'a vraiment changé aujourd'hui.

Il a voulu nous convaincre de sa bonne foi, mais pour autant, l'« accoucher » s'est révélé être une expérience éprouvante. De longs mois durant, il a préféré, sur les points les plus sensibles, procéder par sous-entendus, accusant implicitement, préférant les rodomontades aux faits précis, épargnant Jacques Chirac ou Nicolas Sarkozy, au gré de ses intérêts, de ses craintes ou de ses lubies du moment, renvoyant toujours à plus tard les « vraies révélations ». Un comportement qui lui fut longtemps reproché – à juste titre – par la presse. Jugé à Créteil, en 2005, dans l'affaire des HLM des Hauts-de-Seine, il promit ainsi de tout dire. Il n'en fut rien.

Comme s'il avait fait sienne la fameuse maxime du cardinal de Retz, à laquelle l'un de ses parrains politiques, Charles Pasqua, aime d'ailleurs à se référer : « On ne sort de l'ambiguïté qu'à son détriment. » Alors, il fallut faire œuvre de pédagogie, lui expliquer que ses « confessions » n'auraient de sens que s'il ne louvoyait pas, n'éludait rien, ne protégeait personne. Le persuader qu'il ne témoignait pas devant un juge, une commission d'enquête parlementaire ou une assemblée de journalistes, mais pour l'histoire, tout simplement.

Il finit par se rendre à nos arguments, comprenant que, cette fois, le moment était venu d'assumer jusqu'au bout toutes ses responsabilités, que sa stratégie de l'entre-deux, irritant les magistrats comme ses anciens amis, avait échoué, admettant qu'il est impossible de transiger avec la vérité, aussi gênante soit-elle, lorsque l'on prétend briser la loi du silence. Après tout, on ne révèle pas un crime si c'est pour protéger son auteur.

Nous avons rencontré ses proches, ses compagnons de route politiques, ses amis, sa compagne, ses enfants, mais aussi quelques-uns de ses ennemis, pour mieux nous imprégner du personnage, comprendre ses contradictions, et nous assurer de l'authenticité de sa démarche. Lorsque ce fut chose faite, il nous fallut donc décider si ses déclarations, pour le moins détonnantes, étaient publiables. Il nous a semblé que la réponse, positive, allait de soi.

Le journalisme dit d'investigation induit une part de risque, pourquoi le nier ?

Ce risque, nous l'assumons dans ce livre, seul support possible pour de telles révélations, qui se devaient d'être contextualisées de manière extrêmement détaillée. De toute façon, Didier Schuller lui-même voulait s'exprimer uniquement dans le cadre d'un ouvrage.

Nombre d'enquêtes journalistiques majeures n'auraient pu voir le jour si leurs auteurs n'avaient pas estimé qu'ils devaient se mettre en danger, quitte parfois à flirter avec la ligne jaune, au nom d'un intérêt supérieur : la vérité, l'information du public, tout simplement.

Nous avons vérifié tout ce qui pouvait l'être, exhumant d'anciennes coupures de presse, relisant de nombreux ouvrages, replongeant dans plusieurs procédures judiciaires, principalement celle des HLM des Hauts-de-Seine (trente-six tomes, soit 3 m³ de documents à expertiser !), contre-enquêtant sur des faits nouveaux révélés par notre interlocuteur, obtenant qu'il nous ouvre, pour la première fois, ses propres archives, lui posant sans complaisance toutes les questions possibles, y compris les plus embarrassantes pour lui, interrogeant, souvent dans la plus grande discrétion, les acteurs (magistrats, policiers, avocats…) de certains dossiers sensibles évoqués tout au long de ce livre, nous rendant à Genève et à Saint-Tropez où plusieurs pistes convergeaient... Nous avons enquêté sans a priori ni parti pris, qu'il s'agisse des faits ou des personnalités évoqués par notre grand témoin, dont nous n'avons pas voulu prendre pour argent comptant les déclarations.

Cinq ans d'investigations poussées autour d'un témoignage-choc. L'idéal journalistique commanderait de disposer, sur chaque point, de preuves irréfutables. Mais dans ce monde-là, où tout se règle à coups de valises pleines d'espèces, ce n'est souvent qu'un vœu pieux. Il est des vérifications que seule la justice peut opérer, et si la presse apporte son écot, avec le maximum de professionnalisme, c'est déjà ça... Il serait salutaire, à ce propos, d'en finir avec une pratique hypocrite largement répandue dans les médias, qui consiste pour les journalistes (les auteurs de ces lignes inclus) à se réfugier trop souvent derrière le travail de la justice. En l'occurrence, si Didier Schuller se confiait à des juges, sur procès-verbal, nul doute que la presse dans son ensemble relayerait sans hésitation ses accusations. Comme si le fait de les livrer dans une enceinte judiciaire leur conférait automatiquement une totale crédibilité. Alors oui, dans ce livre, Didier Schuller accuse sans passer par la case « justice ». De notre point de vue, ses déclarations n'en ont pas moins de poids. Aux magistrats, s'ils le souhaitent, de s'en emparer... Pour notre part, nous avons fait notre possible pour crédibiliser les propos de notre témoin, tenté de prendre le maximum de distance avec lui, afin d'éviter l'écueil de l'empathie, de faire la part entre ses fanfaronnades et les faits précis. Il nous a ouvert ses livres de comptes, montré ses relevés bancaires et ses déclarations fiscales...

Il n'est plus riche, et sa nouvelle campagne électorale s'annonce artisanale. Didier Schuller n'a rien réclamé en retour, ne demandant même pas à relire ses propos, espérant simplement que nous ne trahirions pas sa pensée, que nous respecterions sa démarche, empreinte, nous semble-t-il, de sincérité, et surtout de courage.

Ce n'est donc pas le livre DE Didier Schuller, mais un livre de journalistes SUR Didier Schuller. Ou plutôt sur ce dont il a été le témoin. Finalement, Schuller nous a servi de fil rouge pour révéler les dessous de près d'un demi-siècle de corruption à la française. Il ne s'agit pas d'une biographie au sens propre du terme, Didier Schuller ayant lui-même publié, en avril 2002, un ouvrage (*Je reviens*, Flammarion) dans lequel il évoquait rapidement son itinéraire. Pour le reste, le livre était quasi exclusivement consacré à la fameuse affaire Schuller-Maréchal, qui sera donc évoquée ici assez brièvement – avec toutefois de nouvelles révélations sur cet épisode rocambolesque.

Mais Didier Schuller avait encore tant de choses à dire, tellement de secrets à dévoiler. Il a un indéniable talent de conteur. Il faut le laisser parler, l'écouter, oublier les outrances. Cet homme qui en sait trop ne se qualifie-t-il pas lui-même de « bombe volante » ? Aujourd'hui, l'engin est mûr pour l'explosion. Après

24

une première tentative avortée dans l'œuf, en 2002, ce chasseur invétéré faillit sortir du bois deux quinquennats plus tard, au cours de la campagne présidentielle de 2012, bien décidé à faire perdre Nicolas Sarkozy, qu'il connaît si bien. Il le surnomme dédaigneusement, quand il s'emporte, « le Petit ». Il jugeait indignes d'un chef de l'État ses méthodes, son comportement durant son mandat. Puis, une nouvelle fois, il renonça, persuadé que François Hollande n'aurait pas besoin de ses confessions pour être élu. Les faits lui ont donné raison, même s'il s'en est fallu de peu.

Beaucoup de ses propos choqueront, sans doute. Certains feront scandale, peut-être, mais c'est sa vérité, celle d'un homme détenteur de nombreux secrets embarrassants pour la droite française, qui a été au cœur du pouvoir plusieurs décennies durant. Haut fonctionnaire et homme politique, petite main de cabinet ministériel et financier occulte à ses heures...

Son témoignage est souvent dérangeant, parfois effarant, toujours édifiant. Mais encore une fois, il devait être porté à la connaissance du public. Les citoyens, sans démagogie aucune, ont le droit de savoir.

Et de juger.

Parce que ce livre, finalement, c'est un peu l'instruction d'un procès, celui d'une république dévoyée. Cette saga politico-financière, c'est l'histoire, aussi, d'une bande d'amis, unis dans l'excès, shootés au pouvoir. Les membres de ce « clan des Hauts-de-Seine » sont encore bien présents. Prêts à en découdre. À revenir. Ces hommes ont menti, pendant trente ans, dissimulé, nargué les juges, la presse. Les électeurs.

L'impunité portée au pinacle.

Il est temps de savoir.

Alors, la parole est à l'ancien accusé, devenu témoin – à charge. À un homme qui, après avoir été long-temps le fugitif le plus recherché de France, pourrait devenir son plus célèbre repenti. Celui de la « French corruption ».

Prologue

Le petit village d'Oberhaslach, niché à l'est du département du Bas-Rhin, à une poignée de kilomètres de la frontière allemande, disparaît dans un brouillard presque inquiétant, en ce début du mois de décembre 2012. C'est tout juste si l'on distingue les reliefs des Vosges. L'aube s'est à peine levée que, déjà, le vieux 4 × 4 s'enfonce dans la forêt toute proche, là où se trouve la chasse partagée par Didier Schuller et quelques voisins. « Si vous voulez avoir une chance de voir les animaux, il faut ouvrir grand les vitres », intime le conducteur d'une voix rauque trahissant le fumeur invétéré. Frigorifiés, on s'exécute. Au volant, le fidèle Heicko, garde-chasse, comme son frère. Comme son père surtout, longtemps au service du dignitaire nazi Hermann Göring.

Drôle de carte de visite.

Visage buriné, Heicko, qui fit aussi profiter de ses talents un autre amateur de gibier, François de Grossouvre, l'âme damnée de François Mitterrand, est plutôt du genre taiseux. Sur la réserve. Fiable aussi. Il connaît son Schuller sur le bout des doigts. Une grande complicité fondée sur une confiance réciproque totale lie les deux hommes depuis trente ans. Au bout de quelques minutes, Heicko secoue la tête négativement. « Avec ce redoux, les animaux ne se montreront pas, vous ne verrez rien aujourd'hui », tranche-t-il. Le type connaît plutôt bien son affaire. Une heure passée à arpenter les sentiers escarpés de la forêt de Haslach n'y fera rien. Pas le moindre sanglier ou cerf à l'horizon.

Retour à la coquette maison louée par Didier Schuller à l'année, à la lisière des bois. Il vient s'y ressourcer, dès qu'il en a le loisir. Moins pour tuer le gibier que pour le pister, l'observer, l'admirer, être en contact avec cette nature dont il ne peut se passer. Il s'esclaffe. Bruyamment, comme souvent. « À chaque fois que je retrouve Heicko, je me revois ratisser avec lui fébrilement la forêt, à la recherche de mon argent disparu… »

Cette anecdote, Schuller la porte en lui depuis plus de vingt ans. Il avait failli la révéler dès 2002, dans l'espoir de contribuer à faire élire Lionel Jospin contre Jacques Chirac, mais un imprévu nommé Le Pen l'en avait dissuadé.

Peu importe.

Il savait qu'un jour, l'opportunité de la rendre publique se présenterait. Et qu'il la saisirait. Non pas pour se délivrer d'un fardeau, mais plutôt parce qu'une histoire pareille, on ne la garde pas pour soi. À elle seule, elle constitue un saisissant raccourci de ce dont Didier Schuller fut le témoin toutes ces années où, pour les décideurs qu'il côtoyait, politique rimait avec fric. Lorsque vient enfin pour lui le temps de la narrer, devant un verre de gewurztraminer vendanges tardives, le bien nommé, son visage s'illumine, une lueur presque enfantine traverse son regard.

Nous sommes en 1990. La droite se prépare déjà à revenir au pouvoir, ce qu'elle fera en emportant haut la main les élections régionales de 1992 puis, surtout, les législatives de 1993. Didier Schuller est alors un membre influent de ce fameux « clan des Hauts-de-Seine » du RPR, parti qui se déchirera entre balladuriens et chiraquiens avant la présidentielle de 1995. Mais pour l'heure, la concorde règne encore au sein du mouvement gaulliste, uni derrière son champion, à la fois maire de Paris et président du RPR, Jacques Chirac. Le « clan du 92 », c'est celui qui compte, celui qui apporte le sel de la politique, depuis toujours : l'argent.

Figure du RPR 92, le député et maire de Levallois-Perret, Patrick Balkany, contacte son grand ami Didier Schuller, qui se trouve dans sa première propriété alsacienne, tout occupé – déjà – à traquer le gibier. Il a la jouissance, depuis 1979, d'une magnifique chasse de près de 2 000 hectares où il vient se changer les idées dès qu'il en a le loisir, avec ses amis chefs d'entreprise. S'y pressent notamment Henri Antona, Francis Poullain, Christian Curtet...

Tous fournisseurs de l'office HLM des Hauts-de-Seine... et sponsors officieux du RPR.

On y croise même Patrice de Maistre, le futur gestionnaire de fortune de Liliane Bettencourt. « Un vrai "viandard" celui-là, lance Schuller. Dans le milieu, précise-t-il, c'est ainsi que l'on désigne les types qui tirent sur tout ce qui bouge, qui sont seulement là pour tuer, faire couler le sang, ce qui est de mon point de vue contraire à l'esprit de la chasse. »

Didier Schuller connaît Patrick Balkany depuis le milieu des années 1960. Les deux hommes ont rapidement sympathisé. « Nous étions tous deux des fils de bonne famille, plutôt fêtards, on s'était croisés régulièrement dans les mêmes soirées », dit-il.

D'après Schuller, son vieux copain lui téléphone ce jour-là : « Balkany m'a dit : "Il faut que je donne du fric à Chirac." J'ai compris que Jacques Chirac avait besoin d'argent, sans doute dans la perspective des prochaines échéances électorales. » Apparemment, c'est un besoin pressant, il faut trouver plusieurs millions de francs. À quelles fins exactement ? Schuller se garde bien de poser la question. Il y a des choses qui ne se font pas, dans ce milieu.

« Donc, poursuit-il, j'ai fait revenir de Suisse 2 millions de francs, provenant d'un compte dont le véritable objet social, c'était l'argent pour les élections ! »

Basée à Zurich, cette caisse noire était « alimentée par l'argent des entreprises ». « On ressortait le fric en liquide et on le ramenait en France quand on en avait besoin. Entre-temps, il produisait des intérêts. Au moins il n'était pas caché dans une cave ou dans le coffre-fort de Chirac à la mairie de Paris ! Mais nous allons revenir sur tout cela en détail… »

Soudain, Didier Schuller interrompt son récit, fouille dans ses placards, en ressort une liasse de documents jaunis. Ses archives personnelles, dont il extirpe les notes prises en 2002, lors de son séjour à la maison d'arrêt de la Santé, et qu'il n'avait jamais montrées à quiconque. Tous les montants y sont soigneusement consignés…

Il avait absolument tout répertorié.

Au cas où il lui arriverait malheur.

Et puis il y a aussi ce classeur contenant des photos prises le 24 mars 1988, lorsqu'il s'est vu remettre l'ordre national du Mérite. On y voit Claude Guéant, mais aussi Michel Gaudin, le futur directeur général de la police, très proche de Nicolas Sarkozy, le magistrat Alexandre Benmakhlouf ou encore Olivier Foll, pas encore patron de la police judiciaire, venu chasser à plusieurs reprises chez Didier Schuller…

Schuller reprend son récit. Pour récupérer les 2 millions réclamés par Balkany pour Chirac, il faut trouver un intermédiaire prêt à aller chercher les fonds à Zurich. Schuller, comme souvent, sollicite son homme de confiance, le chef d'entreprise Jean-Paul Schimpf, qui sera plus tard mis en cause lui aussi dans l'affaire des HLM des Hauts-de-Seine. Sur procès-verbal, Schimpf (qui n'a pas souhaité répondre à nos questions) qualifiera d'ailleurs Schuller de « porte-serviettes » de Balkany…

« C'est Schimpf qui a rapporté l'argent chez moi, en Alsace », poursuit Schuller, qui décide, en attendant son retour à Paris, prévu deux jours plus tard, de le stocker… dans des boîtes en plastique : « 2 millions, ça fait deux gros Tupperware remplis de billets de 500 francs. » Reste à dénicher une bonne cachette, on ne sait jamais…

Schuller a son idée. « J'ai pris une pelle, et je suis allé dans la forêt. À cent mètres de la maison à peu près, j'ai repéré un arbre, je l'ai marqué avec un rond de peinture verte et j'ai enterré les boîtes au pied de l'arbre, à cinquante centimètres de profondeur environ. »

Quarante-huit heures plus tard, Didier Schuller retourne chercher l'argent, qu'il doit convoyer le jour même à Paris. En arrivant devant l'interminable épicéa siglé d'un cercle vert, une mauvaise surprise l'attend. « La terre était toute retournée autour de l'arbre et il n'y avait plus les boîtes, ni bien sûr l'argent ! » Schuller, incrédule, réfléchit à toute vitesse. « Quand je vois la manière dont la terre a été retournée, je comprends rapidement que c'est un sanglier », rapporte-t-il.

À la stupéfaction succède rapidement la panique. « J'étais comme un fou ! Doublement dingue parce que, si je n'avais pas retrouvé l'argent, j'aurais été obligé de le rembourser. Ces billets ne m'appartenaient pas. » Et voilà Didier Schuller sur la piste du sanglier maraudeur, dans une scène de chasse pour le moins inhabituelle. Des heures durant, transi de froid, il arpente, avec sa première femme, Catherine, et l'incontournable Heicko, ces bois qu'il connaît par cœur, priant pour qu'un chasseur du coin ne soit pas tombé sur son trésor malencontreusement déterré…

« Après trois ou quatre heures de recherche, j'ai enfin retrouvé les Tupperware, avec tout l'argent dedans, à une cinquantaine de mètres de l'arbre devant lequel je les avais enfouis. Les deux boîtes étaient en bon état. Les sangliers les avaient poussées puis réenterrées à moitié, c'est pour ça que nous avions eu du mal à les retrouver. »

Vingt-trois ans plus tard, un week-end d'avril 2013, Heicko nous a conduits sur les lieux, dans la forêt du Spitzberg. Après avoir croisé – enfin ! – une famille de sangliers en goguette, il a stoppé l'increvable 4 × 4 de Schuller devant l'ancien relais de chasse de Guillaume II, dernier empereur allemand. Une superbe demeure aujourd'hui à l'abandon. La crise n'épargne pas l'Office national des forêts…

Puis nous avons marché derrière le garde-chasse, l'écoutant religieusement commenter ces traces de cerf toutes fraîches qu'il était le seul à distinguer dans la boue. Enfin, après avoir slalomé entre les rangées de hêtres et d'épicéas centenaires, dépassé une clairière dont l'herbe avait été arrachée par un troupeau de sangliers affamés, il s'est arrêté au milieu de la forêt et, d'un mouvement de la tête, a désigné les arbres près desquels il retrouva le magot de son ami Schuller.

« Les boîtes étaient là, toutes sales, mais l'argent était intact », s'est souvenu Heicko. On lui a demandé si, au moment d'entamer cette battue un peu particulière, il savait ce que contenaient les Tupperware. Il a haussé les épaules : « Je ne suis pas du genre à poser des questions. Mais bon, je connaissais les activités de M. Schuller, je me doutais un peu… »

Il n'en dira pas plus.

Tout juste lâchera-t-il encore, dans un sourire en coin, après s'être allumé une nouvelle cigarette, dont son médecin lui a pourtant proscrit la consommation : « Lorsque M. Schuller a dû quitter la France en 1995, les policiers m'ont placé deux fois en garde à vue, ils voulaient tout savoir sur lui, comment il finançait sa chasse par exemple, qui lui rendait visite… Mais je ne leur ai rien lâché, j'ai dit que j'étais un simple garde-chasse, que je n'étais au courant de rien… » Vérification faite, interrogé par la PJ en septembre 1995, le garde-chasse se montra en effet peu disert : « Je n'avais pas connaissance des noms, qualités et professions des invités […]. Je n'étais pas au courant des discussions de Schuller avec ses invités. »

Didier Schuller conclut son récit : « J'ai ressenti un tel soulagement d'avoir retrouvé l'argent… J'ai rapporté les boîtes dans un sac de chasse, puis je suis rentré chez moi, à Clichy, et j'ai remis les billets à Balkany. Je ne lui ai pas raconté l'histoire des sangliers : je ne faisais pas le fier ! Après cette mésaventure, je n'ai plus jamais enterré de fric en forêt. »

C'est la seule morale de l'histoire. Ne jamais planquer d'argent dans une forêt infestée de sangliers.

S'agissant de cette anecdote, comme pour tous les autres faits ou déclarations mettant en cause Patrick Balkany et/ou son épouse, nous avons bien sûr proposé au couple de s'exprimer. Le 28 août 2013, les époux Balkany nous ont répondu ceci, dans un très court SMS : « Nous vous laissons à vos fantasmes. » Début septembre, nous leur avons adressé une lettre, récapitulant les nombreux épisodes les concernant rapportés dans ce livre. Ils n'ont pas donné suite.

Une chose est certaine, cette incroyable affaire d'argent enterré en dit beaucoup. Sur l'absence de scrupules, l'impunité. Sur cette drôle de caste d'hommes politiques née dans les Hauts-de-Seine. Les années 1980. La fin de Clash, Bernard Tapie à la télévision, Michel Platini à la Juventus...

Et tous ces types du même âge, pétris d'ambitions, assoiffés d'argent, de pouvoir, de conquêtes en tous genres. Tout leur réussissait, ils se pensaient intouchables, se partageaient le butin. Trustaient les postes enviables. Rançonnaient les entreprises. Les seigneurs d'une sale épopée. Des histoires comme celle-ci, Didier Schuller en regorge. Il les raconte, désormais. Inutile, pour le coup, de leur chercher une morale. Il n'en existe pas.

Il faut bien débuter, un jour : en matière de corruption, il faut aussi faire ses humanités. Apprendre sur le tas.

Didier Schuller fut un très bon élève...

I

« Dans l'administration, les gens qui arrivent en retard croisent ceux qui partent en avance ! »

Didier Schuller n'a pas seulement le sens des affaires, il a aussi celui de la formule, quitte à en emprunter à d'autres. Lorsqu'on lui demande son souvenir le plus représentatif de l'administration, où il entre dès 1969, il lâche, caustique, paraphrasant Courteline : « Les gens qui arrivent en retard croisent ceux qui partent en avance ! » Il a tout juste 22 ans et vient d'entrer au prestigieux ministère des Finances. À la direction générale des prix, précisément.

Jusque-là, il a suivi le parcours classique d'un jeune homme aisé – malgré le décès de son père alors qu'il n'avait que 8 ans : lycée Janson-de-Sailly, fac de droit à Assas, où il fait le coup de poing aux côtés de Claude Goasguen, Alain Madelin ou Gérard Longuet, alors militants d'extrême droite. « Je n'étais pas membre comme eux du mouvement d'ultra-droite Occident, mais quand même très anti-gauche », sourit-il. Puis, son diplôme en poche, il passe, sur les conseils de sa sœur, un concours d'attaché d'administration, dont il sort parmi les premiers.

À Janson, où il croise le dandy François-Marie Banier – « Tout sauf un bon élève, il n'en avait rien à faire des études » –, il connaît ses premiers émois intimes. « Ma sexualité à Janson a commencé à 16 ans. Une future personnalité du PS – j'étais en terminale et lui en hypokhâgne – nous avait emmenés avec des copains dans un bordel qui s'appelait Chez Mme Billy, dans le 16ᵉ arrondissement. On arrivait dans une espèce de salon et il y avait un album de photos, un catalogue en fait, sur lequel on choisissait les gonzesses. C'était un truc de luxe, les filles mettaient une demi-heure pour arriver, car elles n'étaient pas sur place. Pour son anniversaire, il nous avait invités là-bas, avec deux autres potes. Il y avait aussi un type avec qui j'ai eu ensuite un problème professionnel assez important : c'était Jacques Perrot, le mec qui s'est fait tuer par sa belle-mère, Marie-Élisabeth Cons-Boutboul, en 1985. »

Comme il le reconnaît lui-même, Didier Schuller a eu « une enfance choyée », vécue dans le très cossu 16ᵉ arrondissement de Paris. Son père est issu d'une grande famille catholique ; sa mère vient d'une vieille famille juive allemande fortunée. « J'étais déjà un privilégié, donc gagner plein de fric n'était pas mon obsession. » D'autant qu'en marge de ses études de droit, le jeune Schuller, au bagout déjà bien affirmé, vend des... mixeurs, sur les foires ! « Ça marchait très bien, sans prétention aucune, j'étais un excellent vendeur, me faisant jusqu'à l'équivalent de 10 000 euros par mois, une somme absolument énorme pour l'époque. » Pour couronner le tout, il se marie à une femme aux moyens considérables, lui assurant un confort matériel inestimable.

Au ministère des Finances, son patron, le directeur général des prix, n'est autre que Jean-Pierre Fourcade, le futur ministre de l'Économie de Valéry Giscard d'Estaing (« Très inspecteur des Finances, extrêmement sûr de lui »), avec qui il s'entend plutôt bien. Fourcade lui délègue la tâche de s'occuper des affaires européennes, ce qui l'« amuse beaucoup ». Schuller peut être ravi : son job est bien payé, ses bureaux, quai Branly, sont situés à deux pas de chez lui. Membre du très chic Racing, il s'y rend tous les midis pour déjeuner puis faire un tennis... Lucide, il confie : « Honnêtement, mon travail n'était pas d'une grande utilité. Dans le service où j'étais, il y avait quatre cadres A alors qu'un seul aurait été suffisant. J'avais un collègue, un vieil attaché principal, qui était malvoyant. Il arrivait le matin, il repartait le soir, mais il ne faisait rien, il ne pouvait plus rien faire. C'était un vieux monsieur, dans l'administration depuis toujours et personne ne le virait. Heureusement, d'ailleurs. Mais il ne servait absolument à rien. D'ailleurs, moi non plus, je ne faisais pas grand-chose. Comme tout le monde, en fait. »

Lors d'un déplacement à Bruxelles, il sympathise avec un député gaulliste, Michel Cointat. Nommé ministre de l'Agriculture en janvier 1971, ce dernier l'appelle à ses côtés. « Il cherchait un jeune mec, un peu malin… Il a pensé à moi. J'étais chargé de mission auprès du ministre et je m'occupais du Parlement. Là, en revanche, je travaillais beaucoup. C'était l'horreur ! J'arrivais à 9 h 30 et je ne repartais pas avant 20 heures ou 21 heures. En plus, j'avais à gérer l'Assemblée et le Sénat, alors que parfois, il y a un attaché parlementaire pour chaque chambre. Et le ministre de l'Agriculture était beaucoup sollicité : des questions orales, etc. Donc il y avait le courrier parlementaire, les réponses aux questions… Ce ministère était très important à l'époque. Et puis c'était quand même Pompidou le président de la République. Il attachait une importance capitale au monde agricole. »

Le jeune attaché parlementaire découvre les « joies » de la vie ministérielle, l'importance des réseaux, notamment au sein de l'UDR (l'Union pour la défense de la République), l'ancêtre du RPR et de l'UMP. Il sympathise avec la maîtresse d'un ténor du parti, « une jolie femme, intelligente, très proche des milieux d'affaires ». Il commence à s'intéresser au ballet des lobbyistes, omniprésents autour de son ministre. « Je me rappelle d'un type, un certain M. Muller, qui arrivait deux fois par mois avec des gerbes de fleurs, des parfums pour la secrétaire particulière… Il était dans les affaires agricoles, un vrai lobbyiste. C'était l'ami du ministre. Ce M. Muller, je serais incapable de dire précisément ce qu'il faisait, mais, ce qui est sûr, c'est que quand il venait voir le ministre, la vie du ministère s'arrêtait. Si le ministre avait un rendez-vous, il y mettait fin séance tenante pour voir Muller. C'était un vrai visiteur du soir. Ça m'avait marqué. »

Il évoque encore avec tendresse la secrétaire particulière de Michel Cointat, « amoureuse du ministre, et qui donc haïssait sa femme ! ». Politiquement, Schuller se sent proche du Premier ministre Jacques Chaban-Delmas et de son projet progressiste de « nouvelle société », dans lequel il se retrouve complètement. Il est d'ailleurs coopté par son ami, le futur garde des Sceaux socialiste Michel Vauzelle, pour intégrer le cercle informel des jeunes espoirs chabanistes. Il côtoie Michel Barnier, Patrick Ollier, qui finiront également ministres, ou le futur député européen Jean-Louis Bourlanges, et un certain Aymeric Simon-Lorière, bientôt élu député du Var, et qui sera retrouvé mort par balles, chez lui, au printemps 1977.

« Officiellement, il a mis fin à ses jours, mais dans des conditions très bizarres. Je suis la dernière personne à qui il a parlé. » Pour la première fois, le jeune conseiller découvre que la politique peut tuer.

Il se souvient bien de Michel Barnier, « un type qui n'avait pas un rond, qui s'est présenté très jeune au conseil général de Savoie. Il prenait le train assis sur le tapis. Et je lui prêtais mon appartement à Val-d'Isère. Plus tard, alors que sa carrière politique avait décollé, je l'ai croisé chez Lipp, et il a fait semblant de ne pas me voir. Il était pourtant bien content de venir dormir à la maison quand il était sans le sou ». Didier Schuller mettra aussi son appartement à la disposition de Michel Vauzelle et du futur ministre de la Culture Renaud Donnedieu de Vabres, politiquement proches à l'époque.

En juillet 1972, Schuller, qui s'est fait remarquer pour sa puissance de travail, entre, après le remplacement de Jacques Chaban-Delmas par Pierre Messmer à Matignon, au service du nouveau ministre chargé des relations avec le Parlement, Robert Boulin. « Boulin m'a convoqué et m'a lancé : "On me dit que vous êtes le meilleur donc je vous prends dans mon cabinet pour que vous vous occupiez de l'Assemblée nationale." Je n'ai pas hésité. »

II

« Il venait aux réunions du cabinet ministériel avec sa Rolls. »

Auprès de Robert Boulin, le prometteur attaché parlementaire va de découverte en découverte. « Je comprends à cette époque qu'il y a des gens puissants dans l'industrie agroalimentaire. André Van Ruymbeke, le père du magistrat, par exemple, c'était un cador. Un type bien, aussi. Il venait régulièrement bouffer au ministère. » Ironie de l'histoire, c'est l'enquête du jeune juge d'instruction Renaud Van Ruymbeke, le fils d'André, qui scellera le destin tragique, quelques années plus tard, de Robert Boulin...

Schuller sympathise avec le fils du ministre, Bertrand Boulin, qui a son âge. Il est plus réservé s'agissant de la femme de Robert Boulin, Colette. « Sympa, jolie, mais le développement de ses affaires pouvait être gênant pour son mari. Le pauvre Boulin n'était au courant de rien. De manière générale, j'ai toujours été convaincu que Boulin était un honnête homme. »

En 1972, Didier Schuller a 25 ans.

C'est à cet âge qu'il commence à mesurer tout ce que le pouvoir politique charrie de tentations. « Un jour, j'ai été sollicité par un type, pour une histoire d'importation de pommes de terre. Un Français qui m'avait été envoyé par un parlementaire. Le gars m'a clairement fait comprendre que, s'il avait son autorisation, il y aurait une grosse somme d'argent pour le ministre Robert Boulin. À l'époque, ça m'avait choqué. Je me rappelle qu'il m'avait invité à faire du bateau. Je l'avais envoyé promener. Ça m'avait tellement paru contraire à l'idée que je me faisais du service public… » Didier Schuller était vraiment un débutant.

Ou plutôt, un apprenti.

Car auprès de Robert Boulin, il découvre chaque jour les effets d'un climat qu'il qualifie lui-même d'« affairisme généralisé ». « Je me rappelle de l'héritier d'une chaîne de supermarchés. Il était très proche de la famille Boulin. Visiblement, il participait au train de vie. C'était un donateur… En échange de cela, il était membre de fait du cabinet. Il venait aux réunions du cabinet ministériel avec sa Rolls. Le directeur de cabinet, c'était Jacques Boyon, le frère de Michel Boyon. Il était président du conseil général de l'Ain, il a ensuite été député de Bourg-en-Bresse, puis secrétaire d'État à la défense. C'était un type droit, qui n'entrait pas dans les magouilles. Quand il voyait débarquer l'héritier, il levait les yeux au ciel. Il savait qu'il ne pouvait rien faire, ce n'était pas négociable avec le ministre. En tout cas, le mec venait avec sa Rolls. Ça choquait le garde républicain, ça choquait les huissiers, ça choquait tout le monde... Il assistait aux réunions, mais il ne faisait rien. Par exemple, je m'étais opposé à ce qu'il ait une carte pour entrer au Parlement. C'était un fils à papa. Il avait un appartement magnifique avenue Foch. Après la mort de Boulin, cet homme d'affaires a disparu. Il est parti au bout du monde pendant des années. Mais il ne faisait pas ça pour l'argent, il n'en avait pas besoin. Il faisait ça pour la reconnaissance. Je pense quand même qu'il a aussi obtenu un certain nombre d'autorisations pour des grandes surfaces. Boulin, ministre chargé des relations avec le Parlement, lui ouvrait des portes. »

Didier Schuller conserve un souvenir attendri de Robert Boulin, dont il a rapidement découvert le caractère hypersensible.

« J'ai en mémoire un souvenir très précis attestant l'émotivité de Boulin, la faiblesse psychologique du personnage. Ça se passe aux élections législatives de 1973. Boulin est ministre. Il est candidat à Libourne [Gironde], qui est une ville tangente. Et il est persuadé qu'il ne peut pas gagner. Donc on est chez la mère de Boulin, dans une maison modeste de Libourne, et on rentre en train à Paris. Il y a Boulin, son épouse Colette, Vauzelle et moi. Boulin est convoqué à Matignon, en tant que ministre chargé des Relations avec le Parlement, pour commenter les résultats des élections. Il est persuadé qu'il va être battu. Dans le train, il pleure. C'était la première fois que je voyais pleurer un homme politique de ce niveau. Avec Vauzelle, on essaie de lui remonter le moral. On arrive à Paris, et je lui conseille d'aller voir un film avec Colette, pour qu'il se change les idées. Je suis venu l'attendre à la sortie du cinéma, avec les premiers résultats, qui lui étaient favorables, pour lui dire : "Vous allez être réélu." Ce n'était plus le même homme. Le soir, il faisait des interventions à la télé, il était partout, regonflé. »

Devenu par la suite ministre du Travail et de la participation, Robert Boulin, empêtré dans une affaire judiciaire portant sur l'acquisition d'un terrain à Ramatuelle, sera découvert mort, quelques années plus tard, le 30 octobre 1979, flottant dans un étang de Rambouillet, le visage tuméfié. Si les tenants de la thèse de l'assassinat restent nombreux, la justice a conclu au suicide de celui à qui l'on promettait alors Matignon.

Schuller reste dubitatif. « On a vu des photos récemment auxquelles on n'avait jamais eu accès. Tout à coup, elles ressortent. Et le malheureux Boulin, il n'a pas l'air d'un mec qui s'est noyé ! Le type qui savait tout, c'est le fameux héritier des supermarchés. Mais on ne saura sans doute jamais le fin mot de l'histoire… »

III

« J'allais chercher du fric pour le SAC à Matignon. »

En plus de ses activités de conseiller du cabinet, Didier Schuller se voit attribuer une autre mission, beaucoup plus officieuse celle-là : veiller au bon fonctionnement des « mouvements associés », c'est-à-dire des structures gravitant autour de l'incontournable UDR (à laquelle succédera le RPR en 1976, à l'instigation de Jacques Chirac). Notamment de la plus sulfureuse d'entre elles, le Service d'action civique (SAC), la milice gaulliste dont la dissolution sera prononcée en 1982, après la tuerie d'Auriol.

« S'occuper du Service d'action civique, ce n'était pas rien. Concrètement, cela signifiait que j'allais chercher du fric pour le SAC à Matignon. Les services du Premier ministre, notamment pour les fonds spéciaux, prenaient les décisions, et c'était moi qui, par l'intermédiaire de Boulin, proposais des financements. J'avais des réunions avec les responsables du SAC, Pierre Debizet et Charles Pasqua. Pasqua, je le connaissais déjà un peu, depuis son élection en 1968 comme député des Hauts-de-Seine. Mais ce n'était pas vraiment mon "client", au départ, je n'avais pas eu un très bon feeling avec lui… » L'ex-directeur général de Pernod-Ricard conserve quant à lui un bon souvenir de Schuller. « Il m'est tout de suite apparu comme quelqu'un d'extrêmement dynamique, très agile intellectuellement, avec une grande capacité de contact. Cet homme a indéniablement du charisme. C'est aussi un grand phraseur, un peu fanfaron voire mégalo sur les bords ! »

Contraint de jouer un rôle d'intermédiaire entre le pouvoir gaulliste et sa milice, Schuller goûte très modérément la situation. « J'écoutais les doléances des dirigeants du SAC, puis je répercutais leurs demandes à Boulin qui lui-même ensuite allait en discuter à Matignon. »

Chargé de ces drôles de « préarbitrages », Schuller orchestre la valse des millions. Il n'est plus un « bleu ».

« Les types du SAC me disaient : "On a besoin de 25 millions de francs. Pour le service d'ordre, être disponibles pour les candidats, le collage d'affiches, etc." Et ensuite, les dirigeants, Debizet, Pasqua, se rendaient dans le bureau du Premier ministre récupérer l'argent. Je m'en souviens très bien, il y avait un très beau secrétaire en bois. Ah, le secrétaire en bois de Matignon, il en a vu des choses !... À l'intérieur, il y avait des liasses, et les mecs prenaient leurs liasses.

Les réunions avec les membres du SAC avaient lieu environ cinq fois par an. Les sommes se chiffraient en millions de francs. Je ne peux pas dire que cela me choquait, c'était mon boulot. J'étais au service du ministre. C'était quasi officiel, en fait. Dans ma tête, c'était le budget de l'État. À l'époque, j'ai aussi été l'adjoint du secrétaire général de l'UDR, Yves Guéna. J'allais à des réunions à l'UDR, à côté de l'Assemblée, pour les mouvements associés. Guéna était un type assez carré. Je me souviens qu'il avait dit un jour à Debizet, à propos du fric donné au SAC : "Il n'y a pas besoin de tout cet argent." »

Mais les fonds spéciaux ne profitent pas qu'au Service d'action civique ou à la seule UDR, loin de là.

« J'ai vu plusieurs fois André Bergeron [secrétaire général du syndicat Force ouvrière de 1963 à 1989] faire la queue. Bergeron venait chercher sa liasse tous les mois, pour FO. » M. Bergeron, aujourd'hui âgé de 91 ans, n'a pu confirmer ou infirmer cette anecdote. Jointe à son domicile à la fin de l'été 2013, son épouse a indiqué qu'il se reposait désormais dans une maison de retraite. « Mais je peux vous assurer, a-t-elle déclaré, que mon mari n'a jamais manipulé d'argent liquide dans le cadre de ses activités syndicales, c'est un homme trop droit pour ça. » De son côté, Charles Pasqua, s'il admet que « les fonds spéciaux ont été mobilisés, via Jacques Foccart, pour le SAC », nie avoir été chercher, à l'époque, de l'argent liquide à Matignon. « En revanche, les "subventions" au profit de FO, c'était quelque chose de notoire. Ce syndicat a aussi été financé par les Américains, en pleine guerre froide. » « Tous les ministres envoyaient leur chef de cabinet chercher des liasses », assure encore Didier Schuller. Olivier Stirn, futur ministre et patron de Schuller, confirme ses propos : « C'est exact, tous les chefs de cabinet, à l'époque, allaient à Matignon chercher les fonds spéciaux. Ils revenaient avec des enveloppes bourrées de billets, cela servait à rémunérer les collaborateurs des cabinets... »

« Plus tard, reprend Schuller, comme chef du cabinet d'Olivier Stirn [ministre d'État chargé des DOM-TOM entre 1974 et 1978], j'ai moi-même été récupérer des liasses. J'irai ensuite chercher de l'argent comme candidat, également. Pas qu'à Matignon d'ailleurs. Pour ma campagne contre Jean-Pierre Chevènement à Belfort, lors des législatives de 1978, j'avais été chercher du liquide avenue de Wagram, au siège de l'UIMM (Union des industries et des métiers de la métallurgie), un syndicat patronal. C'est Georges Albertini, un ancien collabo, qui m'avait filé la thune, environ 200 000 francs. Et puis, coup de bol pour cette élection, j'avais un copain chef de cabinet à Matignon, je l'avais connu au cabinet du ministre de l'Agriculture. Il m'a donné le double des autres. Comme ça. Il a ouvert le secrétaire, il a pris les liasses et il m'a dit : "C'est ce que je donne d'habitude, mais comme c'est pour toi, je te donne ça." Il y avait des milliards dans ce secrétaire... Tout ça faisait partie de la vie politique, il n'y avait aucune règle régissant le financement à l'époque. Tout le monde était au courant. Et cela a duré longtemps. Quand Chirac a été mis en cause, au début des années 2000, dans l'affaire des lycées d'Île-de-France parce qu'il payait ses voyages en espèces, l'argent venait à l'évidence des fonds spéciaux. Et puis, il y avait des primes de cabinet aussi. Je me rappelle que ma prime en liquide à l'époque était pratiquement aussi importante que mon salaire. Ça le doublait, en fait. Et c'était non déclaré, évidemment. »

Évidemment.

IV

« Pour déjeuner avec Edgar Faure, il fallait débourser 30 000 francs ! »

Droit, chaleureux, travailleur, discret et pas trop regardant. Les qualités prêtées au jeune attaché parlementaire lui valent, en avril 1973, une nouvelle promotion. Didier Schuller est nommé conseiller à Matignon. Là encore, il est chargé des relations avec le Parlement, sous l'égide du Premier ministre Pierre Messmer. Schuller évoque cette période avec nostalgie.

« À Matignon, c'était passionnant. Mon rôle était d'être la courroie de transmission entre le cabinet du Premier ministre et les parlementaires. Il faut être là en permanence, donner des instructions aux autres attachés parlementaires des ministères, surveiller les amendements, demander aux types d'aller à la buvette rechercher les mecs... Le soir, tu paies du champagne à vingt parlementaires pour qu'ils restent.

La nuit, il y a des réunions d'arbitrage qui ont lieu et, éventuellement, tu fais venir le Premier ministre si c'est la merde. Ce n'est pas facile. Mais très marrant ! C'est là que j'ai mieux connu Michel Charasse, un vieux copain maintenant, qui était secrétaire du groupe parlementaire socialiste. Il avait passé l'ENA, mais n'avait jamais été reçu. Et c'est lui qui m'a dit : "Il faut que tu prépares l'ENA. Tu n'es qu'attaché d'administration, il faut absolument que tu passes l'ENA." Il m'a beaucoup poussé. Alors, dès que je m'ennuyais, le soir quand il y avait des séances de nuit, j'allais à la bibliothèque, je commençais à refaire un peu de droit constitutionnel. »

Auprès du Premier ministre, Schuller mesure davantage encore la puissance des groupes de pression. « À Matignon, c'était plus que de l'affairisme. Il y avait toutes les interventions du patronat lorsqu'il y avait des amendements. Je me souviens qu'Étienne Dailly [sénateur radical de Seine-et-Marne de 1959 à 1995 et vice-président du Sénat de 1968 à 1995, décédé en 1996] était LE sénateur lobbyiste. Il sortait des textes, mais on savait toujours qu'il y avait des groupes d'influence qui en étaient à l'origine. Il était sénateur et homme d'affaires en même temps. Clairement, il y avait des amendements dont on savait qu'ils avaient été payés ! Il y avait Edgar Faure [disparu en 1988], aussi. Quand il était président de l'Assemblée nationale, entre 1973 et 1978, je me rappelle d'un type, pour la construction d'une centrale thermique en Chine, qui voulait lui parler. Pour déjeuner avec Edgar Faure, eh bien il fallait débourser 30 000 francs ! Il faisait partie des grands lobbyistes. »

Politiquement, le climat de l'époque est délétère. Au sein de la droite, la guerre pour la succession de Georges Pompidou, atteint d'un cancer, est lancée. Depuis son poste d'observation privilégié, Schuller, qui fait partie des réseaux chabanistes, veille aux chances de l'ancien résistant, de même que son ami Balkany, rallié lui à Michel Jobert. « J'étais resté très proche de Chaban par Boulin interposé, remarque Schuller. Il y avait une atmosphère de fin de règne, puisque Pompidou était malade. Il grossissait, on voyait qu'il était essoufflé. »

Georges Pompidou s'éteint le 2 avril 1974. Ce soir-là, Schuller apprend la triste nouvelle à la télévision, chez les Boulin, boulevard Maurice-Barrès, où il dîne. Comme un prélude au futur affrontement, vingt ans plus tard, entre balladuriens et chiraquiens, la tension est à son comble dans la majorité. « C'était la vraie guerre entre Giscard et Chaban. Chaban se considère quand même potentiellement, dans sa tête en tout cas, comme le successeur naturel de Pompidou. Or l'équipe Pompidou ne veut pas de Chaban. C'est : "Tout sauf Chaban." Donc ce vieux gaulliste de Pierre Juillet va être celui qui va fabriquer Giscard. »

Pierre Juillet, c'est l'homme de l'ombre, caché dans le sillage de Pompidou, un vrai génie des intrigues politiques. Un maniaque des bons mots aussi. Après la conquête de la mairie de Paris, en 1977, par

Jacques Chirac, ce dernier remercie Juillet pour ses bons conseils. Lequel rétorque cruellement : « C'est bien la première fois qu'un cheval remercie son jockey. » C'est donc cet homme qui est à la manœuvre, contre un Chaban-Delmas jugé incontrôlable, trop à gauche. Un seul but : propulser Messmer, même sans y croire. Survient alors ce fameux dîner à Matignon, avec Michel Poniatowski (ministre de la Santé publique et de la Sécurité sociale), Giscard d'Estaing, Juillet, Marie-France Garaud (conseillère de Pompidou), Messmer et Edgar Faure, où il s'agit de persuader Messmer d'être candidat, pour gêner Chaban-Delmas. Ah, ce dîner, un grand moment de la Ve République…

Schuller n'est pas convié. Mais même absent, il a ses entrées. L'art de la politique, c'est aussi cela. Toujours être à l'affût, parfois en pleine lumière, d'autres fois dans l'ombre, rester aux aguets. Ce soir-là, Schuller a un homme à lui dans la place. Il ne faut jamais négliger le petit personnel : l'affaire Bettencourt, déclenchée par un majordome mécontent, l'a prouvé… « Le maître d'hôtel m'a tout raconté, rigole Schuller. Ce type adorait Chaban et savait que j'étais chabaniste. À la sortie du dîner, il m'appelle. Je suis chez moi, boulevard Suchet. Je repars en voiture, car le maître d'hôtel ne veut pas me parler au téléphone, j'ai dû le récupérer devant le musée Rodin, et il me raconte le dîner… » Improbable rendez-vous secret, où il n'est pas vraiment question du menu servi à Matignon…

« Il m'explique donc que tous ces gens se sont réunis et que l'objectif est d'empêcher Chaban d'être candidat, de le faire apparaître comme un dissident, de casser son image de dauphin désigné... » À peine les a-t-il recueillies que Schuller s'empresse de rapporter, la nuit même, les confidences du maître d'hôtel à Jacques Chaban-Delmas, qui l'accueille chez lui, en robe de chambre. « Et, le lendemain, Chaban va annoncer sa candidature. Parce que, s'il ne le fait pas, il se dit que l'autre va le devancer. »

Erreur fatale.

Car Chaban-Delmas se déclare au moment où est prononcé, à l'Assemblée, l'éloge funèbre du président défunt. « Forcément, les autres l'ont assassiné derrière, soupire Schuller. Ils ont dit : "Regardez, c'est un charognard !" etc. C'est toute la campagne orchestrée par Michel Poniatowski. Ils ont aussi dit : "En plus, Chaban a tué sa femme", car elle était morte dans un accident de voiture. Et ça a bien marché ! Ils nous ont tués là-dessus. Et puis, il faut dire que Giscard a fait une campagne à l'américaine, il incarnait la modernité. Nous, derrière Chaban, on représentait la Résistance, les vieilles valeurs, mais c'était fini, tout ça. »

Cette campagne présidentielle, Didier Schuller en conserve un souvenir particulièrement amer. Il découvre ce qu'il appelle la « lutte au couteau entre le clan du Château, c'est-à-dire Juillet-Garaud, et Chaban-Delmas. Ça va aboutir à une espèce de fracture de l'UDR : il y aura ceux qui vont rester fidèles à Chaban-Delmas et ceux qui vont partir derrière Chirac, manipulé par le duo Juillet-Garaud, avec le fameux Groupe des 43 ».

De fait, en ralliant derrière Giscard d'Estaing trente-neuf parlementaires et quatre ministres gaullistes, Jacques Chirac va jouer un rôle décisif dans l'élection. Rapidement, Chaban-Delmas, qui semblait avoir les faveurs de l'opinion et de la presse, voit sa popularité s'effondrer.

Durant cette campagne très dure, Chirac, qui est passé de l'Agriculture à l'Intérieur en février 1974, s'impose comme l'un des hommes forts de la majorité. « Je connais Chirac depuis que je suis dans les cabinets ministériels, relate Schuller. Notre première rencontre date de 1971 précisément. Comme je m'occupais du Parlement au ministère de l'Agriculture, j'avais souvent affaire aux gens de son cabinet. Je me souviens d'un intrigant, c'était le chouchou de Marie-France Garaud et de Pierre Juillet. J'ai eu plein d'échanges avec Chirac, mais c'étaient toujours des discussions techniques. Y compris quand il était ministre de l'Agriculture. Donc au début, avec Chirac, j'entretiens des rapports purement professionnels, mais pas de liens privilégiés. Ça va être ensuite des relations de haine, quand il crée le Groupe des 43. Là, pour moi, il s'est comporté en traître. Mon boulot, c'était notamment d'essayer de récupérer des gens. Et je dirais que, s'il n'y en a eu que quarante-trois, j'y suis pour beaucoup. J'ai évité qu'il y en ait quatre-vingt-dix ! Dès que je sentais qu'un parlementaire commençait à vaciller... En plus, je les connaissais très bien, tous. Ils m'appelaient, ils en profitaient pour me demander des trucs. Moi, j'en parlais à Boulin, on en discutait avec Chaban... J'étais en guerre totale avec Chirac, et surtout avec ses deux hommes de confiance : Jacques Toubon, futur garde des Sceaux, et Roger Romani, futur ministre des Relations avec le Sénat. C'était encore plus drôle avec Romani, car il habitait en face de chez moi, boulevard Suchet. On partait ensemble en s'insultant, en rigolant sans rigoler : "Salut, fumier !" Eux cherchaient à débaucher et moi, je cherchais à récupérer ou à maintenir. On téléphone aux mecs, on leur promet des choses... Par exemple : "Quand Chaban sera président de la République, nous n'oublierons pas que c'est grâce à vous... et vous aurez un portefeuille ministériel", etc. Et ils faisaient exactement pareil en face. Sauf qu'eux ont été en mesure de tenir leurs promesses ! »

À quelques jours du premier tour, Schuller lance, sans grand espoir, avec de jeunes gaullistes fidèles à Chaban-Delmas, le Mouvement du 2 mai. Au coude à coude dans les premiers sondages, les deux grands candidats de la droite ne le sont plus depuis la fin avril : Giscard d'Estaing devance nettement son rival. Sa qualification pour le second tour ne fait plus de doute. Michel Vauzelle préside le Mouvement du 2 mai, qui compte dans ses rangs l'homme lige de François Léotard, Renaud Donnedieu de Vabres, le futur conseiller de Nicolas Sarkozy, Pierre Charon, ou encore l'actuel patron de M6 et propriétaire des Girondins de Bordeaux, Nicolas de Tavernost.

Schuller occupe le poste de vice-président. « L'objectif du Mouvement du 2 mai était de faire élire François Mitterrand, avoue-t-il. Ça a échoué. Quand j'y pense, Chaban a dû partir à 38 % d'intentions de votes et a terminé avec 15,1 % au premier tour, contre 32,6 % pour Giscard. On a réussi une grande campagne ! » ironise-t-il.

Déterminés, les jeunes chabanistes vont jusqu'à organiser une manifestation sur les Champs-Élysées, contre Giscard d'Estaing.

« Chaban nous a reçus, avec Vauzelle, on lui a dit ce qu'on voulait faire, et il a lancé : "Les enfants, je vais être obligé d'appeler à voter pour Giscard, mais je peux vous dire une chose, c'est que, à votre place, je mettrais aussi un bulletin de vote pour Mitterrand." »

Afin d'œuvrer au rapprochement avec le candidat socialiste, Schuller organise un rendez-vous entre Vauzelle et Mitterrand, par l'intermédiaire de Gaston Defferre, qui deviendra en 1981 ministre de l'Intérieur du second. Lors d'un grave incident de campagne, Schuller se rappelle avoir été reçu en urgence par François Mitterrand. « Je lui ai raconté que l'on venait d'être menacés par un mec, dans la permanence de l'Union des jeunes pour Chaban, près de l'avenue Charles-Floquet, dans le 7e. Le type, avec une tête de légionnaire, a surgi dans nos locaux, une grenade à la main ! Il a dit : "Regardez, les gars, vous faites bien les cons ? Eh bien, continuez à bien faire les cons. Moi, je peux vous dire que c'est facile de dégoupiller ce truc-là…" C'était un type du SAC. En tout cas, Mitterrand nous a dit : "Surtout, ne cédez pas au chantage." Pour nous, c'était quand même un peu inespéré d'être reçus par Mitterrand. » Renaud Donnedieu de Vabres n'a rien oublié de cette période agitée. « Au moment de l'élection présidentielle de 1974, j'avais 20 ans, je faisais partie des jeunes chabanistes patronnés par Vauzelle et Schuller, confie-t-il. Je me souviens notamment d'une réunion dans nos locaux, le soir de la victoire de Giscard. Il y avait nous trois, ainsi que Bertrand Boulin. On avait dû s'éclairer à la bougie : l'électricité et le téléphone avaient été coupés brutalement ! » S'agissant de Didier Schuller, « RDDV » a conservé le souvenir d'« un vrai politique, ambitieux, mais surtout très habile et extrêmement intelligent ». Comme Schuller, Donnedieu de Vabres se dit convaincu que « le système avait décidé d'avoir la peau de Chaban. Cet homme était un artisan de luxe qui menaçait trop d'intérêts. Sans être parano, on en arrive à penser que certains "univers" prennent des décisions à la place des citoyens. En l'occurrence, ces univers n'ont pas voulu de Chaban ».

À l'issue de cette campagne particulièrement éprouvante, Valéry Giscard d'Estaing l'emporte d'une courte tête sur François Mitterrand et accède à l'Élysée. Didier Schuller accuse le coup. Son avenir politique est compromis. « Je l'ai vécu comme une catastrophe. Professionnellement, c'est fini pour moi. Je me retrouve attaché d'administration au ministère des Finances. J'ai été voir le directeur, qui m'a demandé ce que je voulais faire. Je lui ai dit que j'envisageais de présenter le concours de l'ENA, et le type m'a dit : "Je ne veux pas vous voir avant le mois d'octobre. Disparaissez." Et je suis resté enfermé chez moi pendant cinq mois à bosser quatorze heures par jour pour préparer le concours. J'avais quitté la fac depuis un moment, j'ai dû faire tout le programme de Sciences Po en trois mois ! Et j'ai été reçu du premier coup à l'ENA, ce qui n'est pas évident. Donc, en fait, je ne suis jamais retourné au ministère des Finances. Ils ont eu la gentillesse de me payer pendant que je préparais l'ENA. Mais la victoire de Giscard, c'est plus qu'une gueule de bois politique. Je me retrouve à la case départ. C'est uniquement pour ça que j'ai fait l'ENA, d'ailleurs. Sinon, comme je suis un peu fainéant, je n'aurais jamais eu le courage de faire cette école. »

V

« 1 million et demi en liquide
pour le ministre. »

La primaire sauvage a laissé des traces à droite. À tel point que Schuller se reconnaît davantage désormais dans la gauche. « De notre soutien à Mitterrand, on attendait une espèce de consécration, souligne-t-il d'ailleurs. On change de camp, tout de même. On a mobilisé en sa faveur tout l'appareil qu'on avait monté dans toute la France. Alors, dès 1974, Mitterrand a voulu nous intégrer, Vauzelle et moi, dans un club situé rue Royale qui s'appelait Demain la gauche, présidé par André Rousselet, et qui comptait notamment Jacques Attali parmi ses membres. Ensuite, Mitterrand nous a proposé d'entrer au Parti socialiste. Vauzelle a accepté, et moi j'ai préféré aller chez les radicaux de gauche. Je venais de la droite, ça m'aurait quand même un peu embêté de rejoindre les socialistes. Pourtant c'est vrai que ce qu'il y avait de sympa, mais aussi de paradoxal, avec le PS, c'est que François Mitterrand traînait beaucoup avec des grands bourgeois : Fabius, etc. Un jour, dans les Côtes-du-Nord [ancien nom des Côtes d'Armor], Mitterrand débarque en tant que Premier secrétaire, un militant l'attend à l'aéroport et lui dit : "Bonjour, monsieur le Premier secrétaire." Il ajoute : "Tu permets que je te tutoie, comme le veut la tradition du parti ?" Et Mitterrand lui répond, glacial : "Si vous voulez." Voilà, c'était tout Mitterrand, ça. »

Schuller intègre donc les radicaux de gauche, pas seulement pour des motifs idéologiques, il le reconnaît. « C'était sûrement un peu enfantin de ma part, mais au PS, ils ne me proposaient rien alors que chez les radicaux de gauche, on m'a offert d'être secrétaire national tout de suite. C'est ce qui a fait la différence ! Je venais de perdre toute la splendeur du pouvoir, j'étais à la recherche d'un maintien de galon. Là, non seulement j'étais secrétaire national, mais j'étais aussi l'un des membres du comité de liaison de la gauche. Il y avait cinq communistes, cinq socialistes, cinq radicaux. Le patron chez les socialistes, c'était Pierre Bérégovoy ; chez les communistes, il s'agissait de Pierre Laurent ; et chez les radicaux de gauche, de François Loncle. »

Le nom de Didier Schuller apparaît pour la première fois dans la presse. « De jeunes gaullistes rejoignent les radicaux de gauche », apprend-on dans *Le Monde* du 15 mars 1975. L'articulet annonce sobrement que « MM. Didier Schuller et Pierre Charon, au nom du

Mouvement du 2 mai, créé par de jeunes supporters de M. Jacques Chaban-Delmas lors de l'élection présidentielle, annoncent qu'ils rejoignent le Mouvement des radicaux de gauche. »

Son poids grandissant au sein du MRG lui permettra même d'avoir l'insigne honneur de publier, le 17 juillet 1976, dans les pages politiques du quotidien du soir, une grande tribune appelant à « une renégociation du programme commun ». Au MRG, Schuller fait la connaissance d'un certain Francis Szpiner, qui s'apprête à devenir avocat. Les deux hommes se lient d'amitié.

Fin décembre 1974, Didier Schuller est donc reçu à l'ENA.

« Je n'ai pas mis les pieds à l'école, en fait. Ils ont voulu me mettre dehors, me faire redoubler. Le seul truc que j'ai fait sérieusement, c'était mon stage. En 1975. J'étais à la préfecture de Marseille. On m'a confié des tâches qu'on ne donne pas à un stagiaire normal. Ainsi, le sous-préfet d'Aix-en-Provence a fait un infarctus et je l'ai remplacé. Et j'ai été pendant trois mois sous-préfet d'Aix. »

Schuller sympathise avec Georgina Dufoix, future ministre des Affaires sociales et de la solidarité nationale de Mitterrand, proche de Defferre. Il se rend régulièrement chez elle, à Nîmes. Quant à Defferre, il le fascine littéralement : « C'était un personnage hors du commun, assez autoritaire, très cassant avec ses collaborateurs, mais avec moi toujours charmant et d'une grande courtoisie. Cependant, il avait une limite : il n'avait pas d'éloquence. Ce défaut l'a sans doute privé d'un grand destin national. C'était un peu le tribun de la plèbe devenu consul. Et par ailleurs, il était socialiste comme moi je suis archevêque ! Comme Mitterrand, du reste... »

L'ENA lui laissant pas mal de moments libres, Schuller consacre une grande partie de son temps à ses activités politiques, en l'occurrence à tenter d'infléchir le fameux programme commun de la gauche, beaucoup trop doctrinaire et bureaucratique à son goût. Mais il s'aperçoit bien vite que le MRG ne pèse d'aucun poids face au PS et au PCF. L'histoire d'amour avec les radicaux de gauche touche à sa fin.

Il raconte : « En janvier 1977, Robert Fabre, président du MRG, décide de m'envoyer aux municipales, au Mans. Pourquoi la Sarthe ? Parce que je suis marié à la fille d'un gros industriel sarthois, Roger Marie. Propriétaire d'importantes usines de sous-vêtements féminins à Sablé et à La Flèche, il employait six cents personnes. La Sarthe était la circonscription de l'UDR Joël Le Theule, dont l'assistant parlementaire était François Fillon. Robert Fabre négocie, dans mon dos d'ailleurs, avec le parti communiste, pour emmerder les socialistes... Les radicaux de gauche, c'était une coutume, ils faisaient chier les socialistes pour pouvoir négocier ensuite. Mais moi, il m'a utilisé comme un pion pour nuire aux socialos, avec l'accord des cocos évidemment. Donc Fabre me dit : "Tu pars au Mans comme deuxième de liste, derrière Robert Jarry, tête de liste communiste." Et les négociations consistaient à piquer aux socialos la présidence de la communauté urbaine, censée me revenir. Le Mans est tombé à gauche, et Jarry est devenu maire, mais moi je n'ai rien eu. Fabre m'avait vendu. J'ai été à la première réunion au Mans. Tout le monde s'est mis à chanter *L'Internationale*. Le lendemain, j'avais ma photo dans *Ouest-France* ! Là, mon beau-père m'a convoqué pour me dire que mon rapprochement avec les communistes, c'était trop ! Donc j'ai quitté les radicaux de gauche. Il faut dire qu'à l'époque, cet homme nous entretenait beaucoup, sa fille et moi. On profitait d'une voiture de fonction, une CX, on habitait boulevard Suchet, dans le 16e, un appartement qui lui appartenait... Alors j'ai dit à Fabre que je ne pouvais pas continuer. Le MRG, c'était quand même un parti croupion. Mais c'est vrai que j'avais un statut. Honnêtement, ce n'est pas à mon honneur, mais, sans cet ultimatum de mon beau-père, je ne sais pas si j'aurais quitté les radicaux de gauche... »

Schuller claque donc la porte du MRG en 1977, l'année de ses 30 ans. Il a tout l'avenir devant lui. Il est récupéré par Olivier Stirn qui vient de créer un parti de gaullistes de gauche, le Mouvement des sociaux-libéraux. « Je suis devenu secrétaire général de ce mouvement. Ce qui m'amusait, c'est que c'était une opération anti-Chirac. Ça me déplaisait d'autant moins que Stirn avait été l'un des types les plus actifs du Groupe des 43, l'un des "assassins" de Chaban. Donc de le voir trahir une nouvelle fois... C'était une opération anti-RPR, anti-Chirac. Il y a pas mal de gaullistes et de chabanistes qui sont venus nous rejoindre. Je faisais le Kouchner, en fait ! Chacun a une part de Kouchner en soi. La déception mêlée à l'ambition, ça donne le "kouchnerisme"... »

L'aventure dure quatre mois, avant que la troupe rejoigne le parti radical valoisien, proche des... giscardiens. C'est sous cette étiquette que Schuller sera candidat – malheureux – aux législatives de 1978 contre Jean-Pierre Chevènement, à Belfort. Jean-Jacques Servan-Schreiber est le président de cette formation, Olivier Stirn le vice-président, et Schuller hérite du poste de secrétaire national du parti.

Entre-temps, Didier Schuller sort de l'ENA. Bon dernier, évidemment... La promotion André-Malraux (1977), compte dans ses rangs Olivier Schrameck, futur directeur du cabinet de Lionel Jospin à Matignon, et Françoise Gaspard, bientôt élue maire socialiste de Dreux. « Il y avait aussi un type que j'aime bien, Jean-François Mancel, qui présidera le conseil général de l'Oise et sera ennuyé pour avoir utilisé la carte de crédit du département pour acheter des couches pour ses gosses, s'amuse Schuller. Mais le grand souvenir que je garde de l'ENA, c'est qu'à l'époque, il y avait un bistrot, le Twickenham, à l'angle de la rue des Saints-Pères et de la rue de Grenelle, où traînait tout le temps Bernard-Henri Lévy. Et nous draguions – nous étions vraiment en concurrence – les minettes et les vendeuses qui sortaient du magasin de chaussures Ferragamo, situé rue de Grenelle. Il était très sympa, BHL. Un coureur incroyable ! Ensemble, on ne parlait pas de Kant ni de Heidegger... »

C'est à cette période que Didier Schuller entre en franc-maçonnerie. À la Grande Loge nationale française (GLNF) précisément, une obédience qui sera éclaboussée plus tard par quelques scandales retentissants.

« Je suis entré à la loge numéro 490 de la GLNF baptisée Silence, dont j'ai été l'un des fondateurs, par l'intermédiaire de deux personnes : mon ami Jean-Paul Schimpf ainsi que Patrice Gassenbach, un avocat, trésorier du parti radical, relate-t-il. Moi-même j'ai ensuite fait entrer des gens comme Guy Drut. Mais depuis que j'ai quitté la France en 1995, je ne "pratique" plus ! C'était plutôt sympa, la franc-maçonnerie, je n'y ai pas du tout été par intérêt, je n'en avais pas besoin. Cela allait de pair avec mon engagement radical, en fait. Est-ce utile d'être franc-maçon ? Pour un petit fonctionnaire, un commissaire de police, cela peut servir, oui, car il y a un réseau, un carnet d'adresses à se faire, tu rencontres des patrons d'industrie, des hauts fonctionnaires. Pas pour moi, je n'en ai jamais profité. À l'inverse, j'étais plutôt dans la position du mec qu'on appelait : j'ai logé un certain nombre de types à l'office HLM des Hauts-de-Seine, des hauts fonctionnaires surtout. Il y avait pas mal de flics à la GLNF, eh bien ils m'appelaient quand ils avaient besoin d'un appartement. La moitié du cabinet de Guéant quand il était ministre de l'Intérieur [février 2011-mai 2012] était toujours logée à l'office du 92 d'ailleurs. Ensuite, la GLNF a tellement grossi que c'est devenu un sous-Rotary, avec une dérive droitière et affairiste regrettable. »

Le neveu de Schuller, Guillaume Verne, avec qui il est brouillé, a proposé une version moins angélique aux juges, lors de son audition comme témoin en octobre 2003 : « Mon oncle était franc-maçon, mais ce n'était pas un franc-maçon dans l'âme, c'était un franc-maçon de raccroc, par intérêt, d'ailleurs quand il en parlait on sentait bien qu'il ne prenait pas ça au sérieux, ce qui l'intéressait, c'était le carnet de relations que cela lui procurait. Je pense que j'ai dû indirectement en profiter en faisant un stage chez Bouygues, Didier étant intervenu directement auprès de Patrick Le Lay. » Dominique Madej, ancien directeur du cabinet de Patrick Balkany et ex-cadre de l'office HLM du 92, a livré un témoignage assez similaire aux magistrats : « M. Schuller m'a demandé de rejoindre la loge qu'il avait créée avec M. Schimpf. Je l'ai donc rejointe et me suis aperçu que celle-ci ne faisait pas un travail maçonnique de bonne qualité mais se présentait plutôt comme un club des amis de Didier Schuller au sens large, puisqu'il y avait aussi des avocats, des magistrats. »

En tout cas, à l'époque, le « vénérable » Didier Schuller mène la grande vie. Il a son rond de serviette chez Lipp, où le patron s'arrange toujours pour le placer à côté de la table de Mitterrand, de Giscard d'Estaing ou de la dernière actrice à la mode. Il est vrai qu'il loue une garçonnière juste au-dessus de la célèbre brasserie... À sa sortie de l'ENA, vu son rang, Schuller s'en tire très bien : il est affecté en juin 1977 au ministère de l'Équipement, pas forcément le plus prestigieux, certes, mais réputé pour ses primes plutôt généreuses.

En fait, il est immédiatement placé en détachement et mis à disposition du secrétariat d'État chargé des DOM-TOM : il est appelé à ses côtés par Olivier Stirn pour remplacer comme chef de son cabinet Marie-Thérèse Hermange. Il y restera un an, jusqu'aux législatives de 1978.

Depuis son poste d'observation privilégié, Schuller assiste au spectacle des hommes d'affaires s'agitant fébrilement autour d'Olivier Stirn. « Un jour, je reçois un type qui débarque dans mon bureau avec une mallette. Je ne savais pas du tout ce qu'il faisait, je le recevais sur la recommandation d'un ami parlementaire. Il me dit être importateur de viande, qu'il achète en Argentine, où elle est vendue à un prix bien inférieur à celui de la viande communautaire. Or, m'explique-t-il, si on l'importe pour les DOM-TOM, elle est exemptée des taxes communautaires. Et si elle arrive dans les DOM-TOM, on peut ensuite la faire rentrer en métropole. Le but était donc d'acheter de la viande en Argentine, de la faire passer (fictivement) par un département ou un territoire d'outre-mer, puis de la rapporter en France métropolitaine détaxée. Pour réussir ce tour de passe-passe aussi simple qu'illégal, il suffit d'un petit coup de tampon... Le mec ouvre sa valise : il y a 1 million et demi de francs en liquide dedans, qu'il met à ma disposition. »

C'est le prix du tampon administratif. Le prix de la corruption.

« Il m'a dit : "C'est pour le ministre." Il ne me proposait rien à moi, c'était destiné au ministre, enfin pour le parti, soi-disant... Bon, je n'en suis plus à mes premières expériences, je ne suis pas stupéfié par la démarche, mais je l'envoie promener. Il m'a répondu, surpris et déçu : "Ah bon ? Mais je pensais que par notre ami commun..." Deux ou trois jours plus tard, quittant très tard mon bureau, qui j'aperçois sortant du ministère bras dessus, bras dessous avec le ministre ? Mon bonhomme ! » Olivier Stirn, aujourd'hui secrétaire national de l'UMP, assure n'avoir aucun souvenir de cet épisode. « Mais je me rappelle bien de Schuller, un type assidu au travail, promis à un bel avenir. Rien ne laissait présager qu'il ferait autant de bêtises. J'ai été très déçu par son comportement, ensuite... »

Didier Schuller se remémore une autre anecdote, tout aussi croustillante. « Un jour, Stirn m'a envoyé chez les Rothschild, rue Laffitte, dans le 9e, chercher du pognon pour ses activités politiques. Ce devait être juste avant les élections législatives de 1978, où il va être réélu, à Vire (Calvados). Je dirais qu'il devait y avoir près d'1 million de francs dans la valise. Stirn m'en a rétrocédé une petite partie pour ma propre campagne à Belfort. Il se trouve que les Rothschild s'occupaient du nickel en Nouvelle-Calédonie, ils avaient des mines d'exploitation, donc cette activité dépendait des DOM-TOM. »

Didier Schuller reconnaît avoir récupéré l'argent sans état d'âme. « Ça, je l'ai fait, car c'était mon métier. Je l'ai fait parce que ce n'est pas la même chose qu'avec le mec des viandes. Je suis juste allé chercher une valise et l'ai remise à Stirn. Si Rothschild, qui a quand même les moyens, doit aider Stirn dans sa carrière politique, c'est son problème, ça ne me scandalise pas. L'autre affaire, c'est une fausse importation de viande, c'est un faux en écritures publiques. Il y a valise de billets et valise de billets ! Ça me choquait qu'on importe de la viande destinée aux populations en difficulté des DOM-TOM et que cette bidoche se retrouve dans les boucheries du 16e arrondissement. Et je reste convaincu aujourd'hui que ce n'est pas normal. »

Pour Didier Schuller, la nuance est très importante. Elle lui rappelle ses propres déboires judiciaires. « Dans l'affaire des HLM des Hauts-de-Seine, il n'y a pas eu de partie civile, il n'y a pas eu un syndicat de locataires pour porter plainte. Car je n'aurais jamais accepté qu'on escroque les locataires ! En revanche, qu'il y ait effectivement une somme, entre 3 et 5 % des marchés, qui soit versée par les entreprises au RPR, ça je l'ai accepté. Tout le monde l'acceptait. C'était ainsi. »

D'ailleurs, Didier Schuller a lui-même, dès cette époque, profité du système, il ne s'en cache pas. « Sur le fric que lui a remis Rothschild, Stirn a dû me donner 100 000 francs, pour m'aider dans ma campagne à Belfort. » Olivier Stirn, lui, dément formellement la visite chez les Rothschild. « Schuller affabule. Je ne lui ai jamais demandé d'aller solliciter les Rothschild. » « Le cash, ça aide beaucoup, poursuit Schuller. Ça permet par exemple de payer les colleurs d'affiches, les affiches elles-mêmes – les imprimeurs sont souvent contents d'avoir un peu de liquide –, les salles pour les réunions publiques, les pots, les repas… C'est sûr que si l'on veut, on peut même se payer des vacances à l'île Maurice, oui, il n'y a pas de souci ! Mais je ne l'ai jamais vraiment fait, moi. J'étais très basique. J'avais une épouse plutôt fortunée, une situation assez confortable. »

Euphémisme : à l'époque, Schuller loue une propriété dans la Sarthe à côté du château de son beau-père, acquiert un territoire de chasse de 1 850 hectares en Alsace, vit dans un grand appartement dans les beaux quartiers parisiens… « Ma femme avait aussi un appart magnifique à Val-d'Isère, deux logements et un bateau dans le Midi… Et mon beau-père avait un appartement à Carnac, avec un bateau à voile… Donc j'avais un rapport tout à fait décomplexé à l'argent. J'ai nourri, logé ou blanchi nombre de mes collègues, notamment Michel Vauzelle et Michel Barnier… Cette opulence m'a sûrement aidé à envoyer promener le vendeur de bidoche ! C'est vrai que si j'avais été à la rue… Honnêtement, si je n'avais pas eu tout ça, je ne sais pas si j'aurais résisté… »

Battu avec les honneurs à Belfort – il pousse Jean-Pierre Chevènement à un inattendu second tour –,

Didier Schuller va tout faire pour favoriser l'élection de son mentor, Jacques Chaban-Delmas, au perchoir. « On va le faire battre Edgar Faure, pourtant candidat du pouvoir. Donc Chaban va être président de l'Assemblée nationale en 1978. C'est là que je vais faire entrer mon ami Pierre Charon à son cabinet. Moi-même, je ne suis pas parti au cabinet de Chaban directement. Tout d'abord parce qu'il y avait une nouvelle loi qui interdisait aux étudiants sortant de l'ENA d'intégrer un cabinet ministériel pendant quatre ans. C'est d'ailleurs pour cette raison que j'étais le chef de cabinet officieux de Stirn. Et aussi parce que, à l'Assemblée nationale, il n'y avait pas de pognon. Donc j'ai trouvé une combine. J'étais payé par le ministère de l'Équipement, et je me suis occupé d'un groupe de parlementaires… »

Parmi ceux-ci, de futurs cadors, carriéristes juste comme il faut, les dents longues et aiguisées. Il y a là François Léotard, Maurice Charretier, Pascal Clément, Alain Madelin, Gérard Longuet, François d'Aubert… « J'étais l'animateur intellectuel et administratif du groupe. Je savais que forcément l'un d'entre eux deviendrait ministre, c'est pour ça que cela m'intéressait de m'occuper de ce groupe. »

Bon calcul : à l'été 1979, Maurice Charretier intègre le gouvernement de Raymond Barre.

VI

« Les élus étaient achetés par les grandes surfaces. »

Maurice Charretier est nommé ministre du Commerce et de l'Artisanat le 4 juillet 1979. Didier Schuller est numéro deux du cabinet, dirigé par Étienne Pflimlin. « J'avais le titre de conseiller auprès du ministre. Je m'occupais des affaires politiques, du Parlement, et du vrai grand dossier du ministère, l'urbanisme commercial. » Étienne Pfimlin se souvient très bien de Schuller : « Il nous avait été imposé par l'Élysée, raconte-t-il. Des rumeurs couraient sur son compte. Tout au long de notre collaboration au ministère, on m'a dit des choses sur lui, on m'a confié des soupçons. J'ai systématiquement tenté de vérifier ces accusations. Et au final, je n'ai jamais rien eu à reprocher à Schuller. »

Toute l'architecture de ce dossier technique repose alors sur l'application de la loi Royer, votée en 1973 dans l'idée de protéger le petit commerce. Ce sont des Commissions départementales d'urbanisme commercial (CDUC) qui sont habilitées à accorder des autorisations d'implantation ou d'extension. En cas de décision négative, il existe un recours : la Commission nationale d'urbanisme commercial (CNUC) et, après avis de la CNUC, le ministre donne son feu vert – ou pas.

L'avis de la CNUC n'est donc que consultatif, le ministre peut passer outre, mais, selon Schuller, « Charretier s'était fixé comme règle de toujours aller dans son sens. La CNUC était constituée de parlementaires, de représentants du grand commerce... Tout était très travaillé ».

« Travaillé » ? Une litote. Didier Schuller entend par là que rien n'était laissé au hasard... « Les grandes surfaces intervenaient auprès des élus, qui faisaient de même auprès du ministre. En clair, les élus étaient achetés par les grandes surfaces, dont le lobbying était phénoménal. Chaque groupe avait son cheval de Troie à l'intérieur de la Commission. Le plus fort étant Carrefour parce qu'il n'agissait pas au niveau de la Commission nationale mais directement auprès de l'Élysée. Victor Chapot, conseiller de Giscard, était très copain avec un dirigeant de Carrefour. Un proche d'Edgar Faure était entre les mains des mecs de Cora, un autre, c'était Continent... Il y avait aussi les interventions de ministres, de préfets. Ça n'arrêtait pas ! Pour occuper le poste qui était le mien, mieux valait être riche ! Les mecs cherchent tes faiblesses, te mettent des filles dans les pattes... Jean-Pierre Soisson [ministre de la Jeunesse, des Sports et des Loisirs (de 1978 à 1981)], m'a invité à déjeuner et m'a pris la tête afin d'obtenir une autorisation en Guadeloupe en faveur du groupe Bernard Hayot (GBH). On a refusé parce que ça n'apportait rien en matière de concurrence. » « Je ne me rappelle absolument pas de cette intervention, qui n'aurait rien eu à voir avec mes attributions de ministre des Sports », nous a répondu Jean-Pierre Soisson. Aujourd'hui âgé de 78 ans, l'ancien maire d'Auxerre (1971-1998) ajoute : « Le groupe Hayot, je l'ai connu, mais bien plus tard, en 1992-1993, en tant que ministre de l'Agriculture. » M. Soisson assure par ailleurs que c'est son « suppléant, alors président de l'office HLM d'Auxerre, qui connaissait Didier Schuller. Moi, ce n'est pas un garçon à qui je pouvais porter un grand intérêt. »

Comme personne n'osait trop s'attaquer au directeur de cabinet, parce que c'était le fils de Pierre Pflimlin, ancien ministre et président du Conseil, c'était moi qui subissais toute la pression, reprend Schuller. C'était un type extrêmement honnête, Étienne Pflimlin, très droit, donc dès qu'il y avait des pressions, il devenait fou furieux. Je me souviens qu'avec Pflimlin, on s'était aperçus que le groupe Carrefour était intime avec les dirigeants du Club de l'Horloge, très marqué à droite. Il y a eu une intervention précise de toute une équipe de mecs et, à un moment donné, reçu chez Pflimlin, il y en a un qui a dit : "Si vous nous donnez cette extension, ça va nous permettre de financer le Club." C'était clair, net et précis ! Autant vous dire que, pendant deux ans, on a assassiné Carrefour ! Et ce malgré les "recommandations" de l'Élysée... La pression était affolante. Bon, Pflimlin a eu quelques faiblesses tout de même, pour un groupe de distribution proche du Centre des démocrates sociaux [CDS]. Il y a eu deux ou trois dossiers qui ont été débloqués visiblement pour faire plaisir au CDS. » Étienne Pfimlin n'a manifestement pas vécu les choses de la même manière. Il se rappelle effectivement de Victor Chapot, le conseiller de l'Élysée. Mais il conteste avoir aidé le CDS, et n'a pas le sentiment d'avoir été soumis à d'insupportables pressions : « Pas plus que dans n'importe quel ministère, dans tous les cas. Nous étions soucieux d'éviter toutes les interférences. » Il concède toutefois que « Soisson avait effectivement tenté de promouvoir un dossier commercial, mais bon... C'est vrai qu'avant l'élection présidentielle, on avait fait passer beaucoup de dossiers ».

À propos du mouvement centriste, Didier Schuller a conservé en mémoire une histoire plutôt savoureuse. Il faut se souvenir qu'à l'époque, aucune loi n'encadre le financement des partis politiques. Toutes les dérives, toutes les combines sont permises.

« Pour les grandes surfaces, ce parti était assez bien organisé. Le trésorier officiel, c'était Robert Parenty, président de l'office HLM des Hauts-de-Seine – le prédécesseur de Balkany. Il y avait un type incontournable au CDS, c'est Philippe Houdart, il était en fait le trésorier officieux. Et il avait un grand copain, Pierre

Bégaud, un éleveur de chevaux. Il a été le premier fournisseur de chevaux de François Bayrou. Dans les années 1979-1980, au domicile de Bégaud, rue de la Chaise, dans le 7e, j'ai été témoin d'une remise de valoche. Bayrou devait avoir des besoins politiques, donc il est venu chercher du "carburant", il avait dit précisément ses "timbres-poste" ! Avant que Bayrou n'arrive, Bégaud m'a montré l'argent. Il devait y avoir 100 000 francs, c'était du liquide. J'étais chez Pierre Bégaud parce que j'avais été missionné par Étienne Pflimlin pour rencontrer Philippe Houdart. Ce qui est marrant, c'est que Houdart et Bégaud m'avaient annoncé la visite de Bayrou juste avant qu'il passe. Mais à l'époque, c'était un inconnu, Bayrou, il représentait la jeune garde du CDS. Je pense sincèrement que c'était de l'argent politique, pas de l'enrichissement personnel. Bégaud est ensuite parti s'exiler en Argentine pendant un temps. Ils l'ont exfiltré quand il y a eu toute l'histoire du compte suisse du CDS découvert par la justice. C'était le mec qui faisait la thune pour le CDS. »

Pierre Bégaud avait aussi été cité au début des années 1990 dans l'affaire Destrade, visant le financement du Parti socialiste par les grandes surfaces. À la tête de la société Sagrimex, spécialisée dans le conseil aux géants de la distribution, l'homme d'affaires fut soupçonné d'avoir « subventionné » le PS comme le CDS. Contacté, François Bayrou a démenti avoir jamais participé à la remise d'espèces évoquée par Didier Schuller : « À l'époque, j'étais jeune secrétaire national du CDS, et Philippe Houdart, un type très bien, faisait tourner le parti avec quatre francs six sous. On tirait vraiment le diable par la queue ! Les seules sources de financement, à cette période, c'étaient les fonds spéciaux du gouvernement et aussi l'argent des entreprises. En revanche, je n'ai jamais entendu parler de ce Pierre Bégaud. Les chevaux, je n'ai commencé à m'y intéresser qu'en 1994. Au CDS, je n'ai jamais entendu parler de lui. Je ne suis donc jamais allé à son domicile chercher des espèces. Je ne fonctionne pas comme ça, pas par éthique d'ailleurs, mais par pur orgueil ! Et c'est pour cela que je suis toujours vivant... » Il n'a pas été possible de retrouver la trace de Pierre Bégaud. En revanche, nous avons pu joindre Philippe Houdart. Ce dernier a replongé sans rechigner dans ses souvenirs, les mêmes que Didier Schuller... à un gros détail près. « À l'époque, dit-il, je connaissais bien Didier Schuller pour lequel j'éprouvais beaucoup de tendresse. Ce jeune homme déployait une activité impressionnante, et était doté d'une agilité d'esprit formidable. Il avait un petit côté brigand sympathique, même si je ne lui aurais pas forcément confié mon portefeuille ! J'étais par ailleurs très proche de François Bayrou, avec qui je suis resté lié d'ailleurs. Et Pierre Bégaud était un ami, c'est exact, nous avions la passion des chevaux en commun. Nous étions tous les deux domiciliés rue de la Chaise, à deux pas du siège du CDS, mais Bégaud avait un plus bel appartement, dans la partie la plus huppée de la rue. Il est vrai que notre parti connaissait des difficultés financières, il fallait bien se débrouiller. Bref, tout ce que vous rapporte Schuller est conforme à la réalité, sauf sur un point : je n'ai pas assisté à une remise d'argent liquide à François Bayrou, ni à qui que ce soit d'ailleurs. Et lorsque Bayrou assure qu'il ne connaissait pas Bégaud, c'est tout à fait possible. »

Et le ministre Charretier dans tout ça ? « Entre les deux tours de la présidentielle de 1981, le ministre du Commerce a été soumis à des pressions extrêmement fortes, assure Didier Schuller. Il a accordé quelque chose comme 120 000 m² de grandes surfaces. Ç'a été saupoudré, bien sûr. 120 000 m², c'est dix hypermarchés. C'est beaucoup en l'espace de quinze jours ! Il y a eu des autorisations à ce moment-là qui ont été données alors que l'avis de la Commission était défavorable. Je crois que c'est le seul moment où c'est arrivé. Le ministre m'avait confié avoir été soumis à un quasi-chantage. Il avait été convoqué à l'Élysée par le conseiller de Giscard, Victor Chapot. »

Pour Didier Schuller, la loi Royer a eu des effets pervers, créant des monopoles régionaux. « Par exemple, il y avait Auchan dans le Nord, Cora en Alsace, Carrefour du côté de Lyon, etc. Toute la politique de Pflimlin a été de casser ces monopoles géographiques. Mais les autorisations accordées à la va-vite entre les deux tours de l'élection présidentielle de 1981 ont été imposées par l'équipe Giscard. Je pense que le fric pour la campagne avait déjà été trouvé et en fait que c'était pour remercier. Charretier, pendant deux ans, a résisté à toutes les pressions, mais il a un peu craqué à la fin. Avec Pflimlin, on était fous furieux. On lui faisait des notes avec un avis défavorable et il signait quand même. En tout cas, s'il a craqué, ce n'était pas pour améliorer son train de vie personnel. »

Didier Schuller est resté marqué par l'intense lobbying dont il fut le témoin privilégié, et parfois impuissant. « J'ai vu des parlementaires partir pisser au moment d'un vote, ce qui leur évitait d'être obligés de voter contre ! Ça, ça m'avait vraiment frappé. Dans ce genre de poste dans l'administration, il faut être ferré à glace. Moi, je les envoyais promener. Je me rappelle que le patron de Carrefour m'avait invité dans son hôtel particulier, à Neuilly. Lui, c'était vraiment un intime de Chapot. C'était en liaison avec le lobbying de Soisson pour imposer le groupe Hayot en Guadeloupe. J'avais dit : "Je suis très sensible à vos arguments, mais cette implantation ne me paraît pas s'imposer." Et le mec m'avait répondu : "De toute façon, même si votre avis est négatif, on y arrivera." Et là, Charretier avait résisté. Grâce à Étienne Pflimlin. Il avait dit au ministre : "Si vous signez ce truc-là, je m'en vais." C'était sanglant ! C'était un ministère terrible pour ça ! Ces types étaient partout dans l'État. Un préfet de Rennes pouvait m'appeler pour un hypermarché à Grenoble. Il me disait : "Cher ami, je ne veux surtout pas vous déranger dans l'étude de votre dossier, mais ce serait quand même une très bonne chose que tel groupe puisse obtenir son agrandissement de 3 000 à 42 000 m²...” »

Conclusion : « Au final, cette loi Royer, qui était censée protéger les petits commerces, les a assassinés. Si je devais la qualifier, je dirais que c'était une loi de financement des partis... ou des hommes politiques, selon les cas ! »

Schuller va rester au ministère du Commerce et de l'Artisanat jusqu'à l'élection présidentielle de 1981. Le groupe RPR ayant œuvré pour qu'il ne puisse pas rejoindre le cabinet de son mentor Jacques Chaban-Delmas à la présidence de l'Assemblée, il pousse son ami et bras droit Pierre Charon (qui n'a pas souhaité s'exprimer). « Comme il ne gagnait pas bien sa vie, j'avais réussi à lui obtenir un petit contrat dans une société amie, un job de façade dans les relations publiques. Le contrat que je lui avais trouvé, cela devait être quelque chose comme 10 000 francs par mois. Ça s'apparentait à des primes de cabinet. Comme Vauzelle quand il était à l'Élysée, et qu'il était payé par Air France en même temps. C'était la règle, à l'époque. »

VII

« Après l'élection de Mitterrand, je vais planquer 9 millions au Luxembourg. »

Si Didier Schuller devait conserver un seul souvenir de cette drôle de campagne présidentielle de 1981, marquée par les déchirements entre giscardiens et chiraquiens, ce serait sans doute ce déjeuner chez Tong Yen, l'un des plus grands restaurants asiatiques de Paris, le vendredi 8 mai, deux jours avant le second tour. « Nous étions quatre : Charles Pasqua, Patrick Balkany, un amiral, grand copain de Balkany, et moi. Pasqua nous a explicitement donné la consigne de voter Mitterrand. Voter et faire voter. "Notre seule chance, c'est Mitterrand. Si le candidat socialiste gagne, on peut survivre ; si l'autre est réélu, c'est foutu, on est marginalisés et c'est terminé", nous a dit Pasqua. »

Schuller en est certain, au sein du RPR, « le message est bien passé. Ç'a été entendu. Au pire, les gens se sont abstenus. Il est évident que, sans ces consignes de vote, Giscard aurait été réélu. C'est clairement Chirac qui a fait élire Mitterrand. Enfin, Mitterrand lui a bien renvoyé l'ascenseur, en 1995, en le favorisant au détriment de Balladur ! ». Charles Pasqua dément faiblement l'anecdote : « Je n'ai dit à personne de voter pour un tel ou un tel. Mais il est exact que je considérais que l'élection de Giscard ne serait pas forcément une bonne chose », lâche l'ancien ministre, avant d'ajouter dans un grand sourire : « Giscard pense que j'ai tout fait pour le faire battre, ce qui est un peu excessif... »

À cette époque-là, Didier Schuller a pris ses distances avec la politique, tout en se rapprochant de Balkany, son « vieux copain » comme il dit, et dont il écrit alors certains discours en vue de son « atterrissage » à Levallois-Perret, où il a été parachuté en 1979, dans la perspective des municipales de 1983. Avec Pasqua, que Schuller connaît depuis l'époque du SAC, les rapports sont « plus distants », même si les deux hommes s'entendent correctement.

Dans l'esprit de Schuller, appliquer l'ordre de Pasqua ne signifie pas rallier Chirac. « Pasqua ne parle pas uniquement pour Chirac. Son raisonnement, c'est : "Si Giscard est réélu, c'en est fini des gaullistes." Donc cette consigne ne me choque pas et je dirais même qu'elle me convient tout à fait, car je n'ai jamais pu supporter Giscard. » Schuller vote dès lors sans état d'âme pour Mitterrand, au risque de se brouiller avec sa famille. « Je me suis terriblement disputé avec ma femme, qui m'a même insulté, et mon beau-père. Ce sont des gens de droite, des "possédants" comme on dit. »

Schuller se souvient que le soir de l'élection de Mitterrand, le dimanche 10 mai 1981, Pasqua, Balkany et lui ont « bu du champagne pour fêter ça. On était ravis ! Balkany notamment, dans sa perspective de conquête de la mairie de Levallois. Car le RPR devenait le principal parti d'opposition ».

Le beau-père de Schuller, lui, n'avait vraiment pas le cœur à sabler le champagne, mais plutôt à avaler une coupe de ciguë ! « Il était paniqué, désespéré. Il vivait tellement dans la crainte du péril rouge qu'entre les deux tours, il a vidé ses coffres ! Il m'a demandé si je connaissais un moyen de mettre son argent à l'abri. J'ai pensé à Rodolphe, un copain à moi, propriétaire d'une petite chasse à la frontière avec le Luxembourg. Rodolphe s'est tristement illustré après, hélas, en tuant trois personnes et en en blessant une gravement à Paris, avant de mettre fin à ses jours. Il avait une petite entreprise de réfection de toiture. Il était sous-traitant pour des entreprises, et notamment pour Francis Poullain, un entrepreneur d'Alfortville, personnage central de la future affaire des HLM des Hauts-de-Seine, qui ne le payait pas. » Rodolphe propose à Didier Schuller de passer lui-même l'argent discrètement, au Luxembourg.

« Comme je n'avais quand même qu'à moitié confiance, j'ai décidé d'y aller avec lui. Dans un sac à dos – quand on chasse, on part toujours avec un sac à dos –, on avait enveloppé le pognon dans du papier d'aluminium, comme si c'étaient des sandwichs, et sur le dessus on avait mis des vrais sandwichs ! Et je suis parti avec ma carabine. Je ne craignais pas grand-chose. Je n'avais pas d'inquiétude sur Rodolphe : c'était mon pote, je lui avais sauvé la vie un jour… Il m'avait quand même dit : "Si on tombe sur des doua-niers, je les fume ! Mais bon, je chasse tous les jours ici, il n'y en a jamais." De fait, heureusement, on a passé la frontière sans souci. On est arrivés dans un bled au Luxembourg. On a trouvé un taxi, je ne sais même pas comment ! Et on a débarqué à la banque, habillés en chasseurs, les carabines dans le coffre du taxi, et là j'ai déballé mes "sandwichs" sur la table en verre. Il y avait 9 millions de francs en petites coupures. Sur ce montant, j'ai quand même pris une commission de 5 %, soit 900 000 francs, somme que j'ai partagée avec mon copain Rodolphe. » 450 000 francs en liquide chacun, un très joli magot pour l'époque.

Le prix du danger.

Et puis, le désintéressement a tout de même ses limites.

VIII

« J'ai accepté… C'était une grosse somme, de l'ordre de 100 000 dollars. »

Ravi d'avoir contribué à la défaite de Giscard d'Estaing, Schuller ne s'en retrouve pas moins mis à l'écart du pouvoir dans la foulée de la « vague rose » de mai 1981. « Après l'élection de Mitterrand, je vais d'abord être chômeur, explique-t-il. En fait, je vais être payé plusieurs mois sans affectation. »

Sans emploi, Schuller chasse beaucoup et travaille un peu pour Jean Pierre-Bloch, figure de la Résistance, le père du député parisien Jean-Pierre Pierre-Bloch. « Je lui écris ses discours, des choses comme ça. Je suis un vieux sioniste. J'ai toujours en tête que, si Israël avait existé en 1939, ma famille n'aurait pas été exterminée. Je comprends très bien les gens qui sont antisionistes mais, quand on est juif, français, dont une partie de la famille a été victime de la Shoah, on ne peut pas ne pas être sioniste. C'est très difficile.

On se dit que, si vraiment ça tourne mal, il y a encore au moins un endroit où les mecs peuvent aller. Mon grand-père n'a pas eu de visa, il est mort parce que personne ne voulait de lui. Mon oncle était avocat et notaire en Allemagne. Il avait le plus gros cabinet de Francfort. Il était associé avec le président des anciens combattants juifs d'Allemagne, assassiné en mars 1933 à la sortie du palais de justice, deux mois après la prise de pouvoir par Hitler. Des membres des Sections d'assaut, les sinistres SA, sont venus le massacrer à coups de matraque parce que, en plus d'être juif, il était président des anciens combattants juifs. Il avait perdu un bras à Verdun, il avait la Croix de fer… Tout cela pour dire que si Israël avait existé, il y a une partie des Juifs européens qui auraient peut-être pu échapper à l'extermination. »

Administrateur civil, Schuller dépend du ministère de l'Équipement, qui décide finalement de l'extirper de son placard au bout de six mois, et l'affecte en décembre 1981 à la Direction des affaires économiques et internationales (DAEI), dont le nouveau directeur s'appelle René Loubert. « C'était un socialiste, un ingénieur en chef des Ponts et Chaussées parti dans le privé et qui a notamment été le patron technique d'Urbaconseil, une société au cœur du financement occulte du PS. La DAEI, c'est la direction qui a la tutelle du BTP en France. René Loubert travaille en symbiose avec un mec à l'Élysée, Alain Boublil, l'homme de main de Pierre Bérégovoy, et qui aura de gros soucis dans l'affaire Pechiney. »

En janvier 1982, Didier Schuller est donc nommé chargé de mission auprès du directeur des Affaires économiques et internationales. Encore un lieu de pouvoir, au confluent de toutes les affaires, pas toujours très propres. « Je remplace Xavier Huillard, aujourd'hui PDG de Vinci, alors responsable géographique du Moyen-Orient, et je vais petit à petit me spécialiser dans les récupérations de créances pour les entreprises françaises qui ont mené d'importants chantiers dans cette zone et qui ne sont pas payées. Enfin, je ne fais pas que ça. Je vais être aussi secrétaire général d'une mission interministérielle créée sous l'impulsion de Mitterrand pour la reconstruction du grand Beyrouth. Je vais donc très souvent au Liban pendant cette période. J'ai beaucoup travaillé avec Rafic Hariri, dont le groupe, Oger, est incontournable sur tous les chantiers. »

Premier ministre du Liban de 1992 à 1998 puis de 2000 à 2004, cet intime de Jacques Chirac, qui avait fait fortune en Arabie Saoudite avant de se lancer en politique, a été assassiné le 14 février 2005 à Beyrouth. « Hariri est un type très impressionnant, avec tout le charme des Libanais, juge Schuller. C'est déjà un personnage extrêmement important, très riche. Je me souviens qu'un membre de la DAEI avait été emmené par des hommes de Hariri dans une bijouterie en vue d'acheter un beau cadeau pour sa femme. Ça m'avait frappé qu'il accepte. »

Schuller sympathise tellement avec Hariri qu'il fera appel à sa « générosité » quelques années plus tard, une fois installé à l'office HLM des Hauts-de-Seine. « Je lui ai demandé de l'argent, confesse-t-il, et ça s'est très bien passé. En revanche, ce qui est extraordinaire, c'est que lorsque j'ai dit au juge d'instruction chargé de l'affaire des HLM 92 que Rafic Hariri m'avait donné de la thune, il n'a pas réagi. Ma chère sœur avait apporté au juge les références du compte en Suisse de ma mère… Il y avait les traces de tous les virements, mais bizarrement, quand le juge m'a demandé d'où venait l'argent et que je lui ai dit que ça venait de Hariri, il n'a pas été plus loin. C'était la seule faiblesse de mon dossier pénal pourtant ! Et sur ceux à qui je redistribuais, je ne lui ai rien lâché. »

À cette époque, Schuller se rend aussi très régulièrement en Arabie Saoudite : « Là, il y avait un énorme contentieux avec la SAE [Société auxiliaire d'entreprises, devenue Eiffage], qui avait construit toute une ville pour le ministère du Logement. Ça représentait six mille maisons individuelles, des pavillons avec au minimum quatre salles de bains pour les plus petits et huit ou dix pour les plus grands ! Tout ça pour le frère du roi, qui était ministre du Logement. Il y a eu un pataquès phénoménal, car d'énormes factures n'ont pas été réglées. 3 milliards de francs étaient en jeu. Ça a duré trois ans ! J'ai dû faire venir le ministre français de l'Équipement, du Logement et de l'Aménagement du territoire, Pierre Méhaignerie, plusieurs fois, il y a eu des voyages montés et payés par la SAE. »

Pour débloquer la situation, Schuller se démène, multiplie les déplacements à Riyad, au Caire…

Intérêts publics et privés se confondent allègrement.

« Sur ce dossier, je fixais mes conditions à la SAE. J'aurais pu y aller comme un fonctionnaire lambda. En fait, je m'y rendais à la demande, presque une fois par semaine à une certaine époque. J'ai par exemple accepté de rester trente jours, en plein ramadan, pour avoir des rendez-vous avec le ministre. Donc j'avais demandé à être traité de manière différente, c'est-à-dire aller-retour en première classe, etc. De là à appeler ça de la corruption... Bon, c'est vrai, les billets n'étaient pas payés par le ministère. Et je n'étais pas logé dans un petit hôtel à Riyad, la SAE me louait une suite. Sinon, j'y serais allé une fois tous les deux mois. Et l'affaire n'aurait jamais été réglée. »

Schuller le reconnaît, « s'il n'y avait pas de valises de billets, il y avait quand même un intéressement sur le résultat. Versé à l'étranger... Je me rappelle que le type qui s'occupait de ça à la SAE m'avait dit : "De toute façon, si le problème est résolu, c'est normal de vous offrir un dédommagement, un avocat international, ça se paie très cher..." En tout cas, j'ai accepté. C'était une grosse somme, de l'ordre de 100 000 dollars. C'est quand même une forme de corruption, je dois l'admettre. C'est bizarre, parce que, au départ, je suis mandaté par le ministère pour faire ça. Et la SAE a bien vu que j'avais la capacité de résoudre le problème, donc les mecs m'ont dit qu'ils me récompenseraient au résultat. Et je pense que la SAE n'a pas fait ça qu'avec moi, mais aussi avec les ministres. À la DAEI, tout le monde savait très bien que c'était la SAE qui finançait mes voyages, mais, n'ayant pas de crédit, le ministère l'acceptait. C'était devenu une pratique courante pour toutes les zones géographiques. La pratique, c'était que les entreprises finançaient. Comme le ministère n'avait pas d'argent, quand on recevait les types à Paris, il prenait en charge la partie officielle avec le repas au Quai d'Orsay, mais, par exemple, s'il y avait des soirées avec des gonzesses, ce qui arrivait quand même souvent, c'était l'entreprise qui payait. Donc, à cette époque, je suis en contact avec tout ce qui compte dans le BTP en France. Cela aurait pu me procurer un travail bien rémunéré. D'ailleurs, la SAE m'a proposé de m'embaucher. Mais j'avais déjà de l'argent, ça ne m'intéressait pas. Je n'avais besoin de rien. Je trouvais que travailler pour le public avait plus de prestige ».

En 1983, à Beyrouth, Didier Schuller est le témoin d'une scène étonnante, lors d'un dîner organisé à l'ambassade de France. « Outre l'ambassadeur, un ami de Mitterrand, il y avait le patron de la DAEI, René Loubert, le conseiller du président, François de Grossouvre, et moi. Le dîner est très arrosé et Grossouvre, qui était en pleine forme, balance au milieu du repas qu'il vient de refourguer des chars Patton, du matériel réformé de l'Armée française, aux Phalanges libanaises. Et d'un seul coup, il dit : "De toute façon, ce n'est pas perdu pour tout le monde, la commission, on va la filer à Le Pen. On va financer le Front national." Et il raconte tranquillement ce qu'ont imaginé les socialistes pour lancer Jean-Marie Le Pen. »

Quelques mois plus tard, le leader d'extrême droite va obtenir 10,95 % des voix aux élections européennes, provoquant à travers l'Hexagone un choc dans l'opinion.

« Je ne me rappelle pas du montant exact de la commission, mais c'était au moins 5 millions de francs. J'ignore s'il s'agissait d'une vente d'armes officielle ou pas. En tout cas, de Grossouvre était à Beyrouth pour ça, pour cette vente. Il venait rencontrer Amine Gemayel, qui était à la fois président de la république du Liban et patron des Phalanges. Ça m'avait profondément choqué. Je me suis engueulé avec Loubert à cause de ça. Quand j'ai vu le résultat des élections en juin 1984, j'étais à Paris, je suis monté dans le bureau de Loubert, et je lui ai dit : "Eh bien, bravo les mecs ! Brillant !" Et il m'a répondu en riant : "Ah ah ah ! Écoutez, on n'allait pas se faire prier. Vous, la droite, vous nous avez fait chier pendant vingt-cinq ans en expliquant que si on votait pour nous, on votait pour les communistes, eh bien maintenant, on va vous renvoyer l'ascenseur. Amusez-vous avec le Front national aux élections." » Convié à réagir à ces déclarations, Jean-Marie Le Pen n'a pas donné suite à nos sollicitations. René Loubert est décédé, tout comme l'ancien ambassadeur au Liban, Paul-Marc Henry. Charles Pasqua, de son côté, juge l'anecdote rapportée par Didier Schuller « tout à fait crédible ». « Il est probable que François Mitterand ait donné financièrement un coup de main au FN. Avec les fonds secrets, c'était très facile. Mitterrand a incontestablement une grande responsabilité dans l'émergence du Front national. »

« Ce qui est intéressant aussi, conclut Schuller, c'est que Grossouvre, avant de "se suicider", passait ses journées avec le journaliste Jean Montaldo, qui est loin de représenter l'extrême gauche ! Grossouvre faisait le lien entre Mitterrand et l'extrême droite. C'est grâce à ça que, selon moi, Mitterrand a tenu le coup et a pu rester quatorze ans au pouvoir. »

L'allusion à Montaldo n'est pas neutre dans la bouche de Schuller. Les deux hommes se détestent. L'écrivain-journaliste s'était rapproché de la sœur de Schuller, Françoise Verne (décédée en 2001), qui tenta de faire porter à son frère la responsabilité de vols commis à l'hôtel de la Monnaie dont elle fut l'une des dirigeantes dans les années 1980. Dans *Paris-Match*, en février 2002, Montaldo décrivait Schuller comme « un manipulateur redoutable, maître dans l'art d'imputer à autrui les larcins dont il est le seul auteur et bénéficiaire ».

Autre anecdote marquante évoquée par Didier Schuller : ce jour de 1984 où le cabinet de Laurent Fabius, tout jeune Premier ministre, qu'il avait côtoyé à Janson-de-Sailly, lui intime l'ordre de recevoir un ami commun : l'avocat Jacques Perrot. « Perrot voulait que j'autorise le rachat du groupe de BTP Thinet, sauf que ça ne tenait pas techniquement. Je lui ai dit. Il m'a répondu : "De toute façon. Ça ne va pas se jouer à ton niveau." De fait, il a obtenu l'autorisation. » Sollicité, M. Fabius a renvoyé sur son conseil, Mᵉ Jean-Michel Darrois. « Didier Schuller, Laurent Fabius sait qui c'est bien sûr, mais cette histoire d'autorisation ne lui rien du tout, assure l'avocat. Il ne faut pas s'attendre à des coups de main de ce genre de la part de Laurent, ce n'est vraiment pas dans ses habitudes. »

IX

« Les vieux, au niveau électoral,
c'est le vrai vivier,
parce qu'eux, ils votent. »

S'il tente, comme il dit, de « mettre en veilleuse »
ses activités politiques durant cette période, Didier
Schuller fait tout de même une exception pour son
grand « pote » Patrick Balkany, candidat aux municipales à Levallois-Perret, commune de la banlieue
ouest que son parti, le RPR, rêve d'arracher au parti
communiste. Levallois-Perret, ou l'un des derniers
vestiges de la « Ceinture rouge »... « J'ai participé
très activement à la campagne de Balkany en 1983,
explique Schuller. Le couple Balkany, c'est un peu la
tête et les jambes. Lui, il aime être au contact des gens.
Et elle, Isabelle, s'occupe de toute la partie intellectuelle, donc des textes, etc. Et elle me consultait régulièrement. Je relisais avec elle. J'écrivais moi-même
un certain nombre de papiers. Et puis, j'avais trouvé

des financements à Patrick Balkany, par le biais d'un de mes copains de chasse, promoteur en Sologne. Il a investi sans compter dans la campagne. L'autre partie de l'investissement, c'était leur patrimoine personnel. Isabelle Balkany avait beaucoup d'argent, hérité de sa famille, les Smadja. Son père avait fait fortune dans le caoutchouc en Tunisie, et son oncle était le propriétaire du journal *Combat*. Ils ont acquis plusieurs appartements à Neuilly, ils ont acheté la moitié d'un immeuble ! La mère, le frère, Isabelle, ils avaient 600 m² chacun. Donc ça ne manquait pas de moyens. Elle a beaucoup investi. Et, lui, Patrick, n'était pas pauvre non plus. Son père avait créé une chaîne de magasins de prêt-à-porter à succès, Réty. »

Avec Balkany, Schuller mène alors la grande vie, les deux hommes font les quatre cents coups dans le Tout-Paris, leurs conquêtes ne sont pas seulement électorales...

Parachuté quelques années auparavant à Levallois-Perret – après une tentative infructueuse à Auxerre contre... Jean-Pierre Soisson –, Balkany se présente en outsider. « Ce n'était pas gagné, en effet, confirme Schuller. Jusqu'en 1983, le maire était Parfait Jans, un coco très implanté. Ç'a été emporté de justesse. Je me rappelle être entré dans la mairie avec Patrick pour voir les résultats officiels et il y avait une haie de communistes qui nous entouraient. Les mecs l'insultaient, c'était chaud. La campagne a été très dure. Il y a eu un incident terrible avec le chef du cabinet de Mitterrand, Jean Glavany. Je ne sais plus pourquoi mais lui et Balkany se sont battus. Je me souviens que le manteau de Patrick était déchiré.

« Moi, conclut-il, j'ai donc participé intellectuellement, mais pas seulement : j'ai trouvé ce financement très important pour Patrick. Ce promoteur de province a accepté de payer parce qu'il s'est dit que, si Balkany était élu, il lui renverrait l'ascenseur. C'est d'ailleurs ce qu'il s'est passé : juste après la victoire de Balkany, mon ami promoteur en a récolté un paquet, de chantiers. Il ne faut pas jouer les hypocrites. Quand j'étais candidat à Clichy, pourquoi Bouygues ou la SAE m'ont donné de la thune ? Parce qu'ils espéraient, si j'étais maire, qu'il y aurait un "retour sur investissement", c'est évident. Ils ne font pas ça par charité chrétienne. »

Il convient encore de rappeler que dans ces années-là, aucune loi n'encadrait le financement des partis politiques. Un premier texte est voté en 1988, mais c'est la loi Rocard, en 1990, qui établit des règles un peu plus strictes, avant une nouvelle réforme, signée Balladur, en 1995. De la poudre aux yeux, selon Schuller. « Les différentes lois portant sur les financements ont été détournées. Par exemple, la loi Rocard prévoyait que les entreprises n'avaient le droit de donner qu'à hauteur de 500 000 francs par an. Mais si le pot-de-vin sur le marché public devait être de 4 millions de francs, on utilisait des succursales. Par exemple, dix filiales du même groupe de BTP donnaient 500 000 francs chacune… » Depuis 1995, les entreprises n'ont plus le droit de verser le moindre centime aux partis politiques, qui dépendent des subsides de l'État.

Officiellement.

« Je suis convaincu qu'il y a toujours des valises de billets car il y a toujours des dépenses officieuses, pense Schuller. Qu'est-ce qu'une dépense officieuse ? C'est de dire, par exemple : "J'offre mille bouquets de fleurs", officiellement, justifiables avec des factures, et, en fait, officieusement, en offrir dix mille, la plupart payés au black. C'est très difficile de vérifier. Il n'y a pas un huissier sur le marché pour compter le nombre de fleurs distribuées. Je donne les fleurs comme exemple, mais ça s'applique à tout. »

Pour Didier Schuller en tout cas, la « prise » de Levallois-Perret fait office de modèle.

« Pour la campagne de Balkany à Levallois en 1983, ce qui m'a beaucoup marqué, c'est que les Balkany ont créé une espèce de "mairie bis". À partir de la permanence RPR de la rue Trébois, ils ont organisé des activités sociales, ils louaient des cars pour emmener les personnes âgées visiter des trucs en dehors de la ville, ils organisaient des goûters, des bals dansants... Ils ont commencé à créer des structures parallèles à celles des cocos. C'est vraiment ce que j'ai imité à Clichy. Par exemple, pour le cinquantenaire du Débarquement, le maire de Clichy a loué trois cars pour les anciens combattants, mais moi, j'ai dû en louer sept ou huit. Tout ça, ça se paye ! Et ça marche très bien ! Les vieux, au niveau électoral, c'est le vrai vivier, parce qu'eux, ils votent. Ils sont reconnaissants. Ils sont sensibles. Plusieurs années de suite, j'ai fait des colis de Noël. Six mille colis à 120 francs l'unité : l'argent de Hariri a été bien utilisé ! On prenait les listes électorales et les gens de plus de 60 ans devaient venir à la permanence chercher leur petit cadeau. On dépensait des fortunes ! Installer comme ça des mairies bis, je trouve que c'est typique de la prise d'une ville de gauche. Il faut faire du clientélisme. » Au moins, ça a le mérite de la franchise...

En revanche, Didier Schuller jure n'avoir truqué aucune élection.

« Certes, je me souviens avoir fait domicilier plusieurs de mes amis à Clichy pour qu'ils puissent voter pour moi, un grand classique, mais ni Balkany ni moi n'avons jamais fait de bourrage d'urnes. C'était la spécialité de certains communistes, ça, ceux qui étaient au pouvoir. Nous, on avait des gens qui contrôlaient dans les bureaux de vote. Et comme les cocos ne voulaient rien donner à manger à leurs observateurs, nous, on leur apportait de somptueux plateaux-repas. Ça aussi, ce sont les Balkany qui m'ont appris à le faire. Je l'ai reproduit à Clichy. Du coup, on avait plein de gens pour contrôler ! Et ça évite la triche. »

Parfois, pour persuader les électeurs, il faut donner de sa personne : « Je me rappelle qu'en 1983, avec Balkany, on est montés chercher une vieille dame impotente au septième étage d'un immeuble sans ascenseur et on l'a descendue avec son fauteuil pour qu'elle puisse voter. On l'a fait trois ou quatre fois dans la matinée du vote. On l'a refait ensuite à Clichy. D'habitude, c'est le maire qui procède ainsi, avec une voiture de la municipalité. De cette manière, le maire en exercice "vole" cinquante ou soixante voix. On ne peut rien faire contre. Ce sont des employés municipaux triés sur le volet qui font ce boulot en général. Quand on se présente contre un maire sortant, on a ça dans la gueule.

« Voilà, donc, la force de Balkany, résume Schuller. C'est d'avoir su créer ces structures parallèles. Que j'ai reproduites ensuite, probablement en encore plus fort. Il y avait une ambiance formidable dans ces permanences. J'adore ça ! J'apprécie les personnes modestes, j'aime bien être en contact avec les gens, je ne suis pas complètement cynique, je ne fais pas ça que pour récolter leurs votes. Et les gens le sentent bien. Balkany aussi, d'ailleurs. Isabelle, elle, est un peu suffisante, voire cassante, mais, lui, il est comme moi, je pense, sensible, proche des gens, il aime discuter avec les citoyens de base, ceux qui ne vont pas bien, il les écoute, il essaie d'arranger les choses… »

En l'espace de quelques années, Balkany va transformer Levallois-Perret, ville populaire dont il rêve de faire le pendant de sa voisine, « Neuilly-la-bourgeoise ». Des quartiers entiers sont rasés, pour le plus grand régal des promoteurs, qui édifient des immeubles destinés à une population plus aisée… et plus à droite. Les prix s'envolent… les immigrés aussi.

« Balkany, à l'époque, je ne l'imagine pas aller tellement loin en politique, se rappelle Schuller. D'abord parce que la gauche est au pouvoir. Mais aussi parce qu'il a quand même une limite intellectuelle. Il a un côté un peu Estrosi. Ce n'est pas un mec qui a fait des études… Ceci dit, honnêtement, il n'aurait pas eu ses casseroles, je pense que Sarkozy l'aurait pris comme ministre. De la même façon, Sarkozy a été président de la République alors qu'il n'avait pourtant pas le *background* intellectuel pour l'être. »

Schuller reprend : « Pendant un moment, Balkany s'est vu ministre, c'est sûr. Encore une fois, s'il n'avait pas été accroché judiciairement, il l'aurait été, il en avait la capacité. »

Il faut se méfier des idées reçues : si l'homme fort de Levallois-Perret connaît bien les tribunaux, il est factuellement inexact de le dépeindre comme un multirécidiviste. Certes, il a été condamné en première instance, en mai 1996 – peine confirmée en appel en janvier 1997 – à 15 mois de prison avec sursis, 200 000 francs d'amende et deux ans d'inéligibilité pour avoir fait travailler à son domicile trois employés de mairie. Et en 2003, accusé d'avoir humilié une conseillère municipale communiste, il a été condamné à 1 500 euros d'amende pour « images vexatoires et empreintes de mépris visant à abaisser et ridiculiser de façon publique », jugement confirmé en appel l'année suivante. Il a par ailleurs été épinglé à plusieurs reprises par la chambre régionale des comptes, qui l'a ainsi déclaré en 1999 « comptable de fait », et son élection comme député fut invalidée par le conseil d'État en 2001. Mais il a surtout été relaxé, en 2006, dans l'affaire des HLM des Hauts-de-Seine. Et diverses plaintes le visant n'ont jamais prospéré. Pour Didier Schuller en tout cas, Patrick Balkany « est un excellent gestionnaire : il a transformé la clientèle électorale, il a fait de Levallois une espèce de Neuilly bis, tout en étant extrêmement sérieux avec les populations des quartiers populaires : il a réhabilité les HLM, et, au niveau des crèches, ils ne font pas de différence entre les gens. Balkany a un électorat populaire. Maintenant, il ne faut pas se mentir, il a viré, c'est vrai, toutes les populations marginales qui existent dans les villes de gauche… » Et il ne goûte guère que l'on s'intéresse de trop près aux dessous de ses chantiers pharaoniques. L'un des auteurs de ses lignes peut témoigner qu'au début des années 1990, l'un des dirigeants de la Semarelp, le bras armé de la mairie de Levallois pour ses multiples opérations de rénovation, agacé par des questions embarrassantes, avait fini par lâcher au journaliste un peu trop curieux, sur le ton de la blague bien sûr : « Vous savez que les piliers en béton de nouveaux immeubles sont pleins de gens comme vous ? » Une plaisanterie à la sicilienne…

Une certitude, selon Schuller, après son élection, « Balkany n'a plus un rond. Il avait beaucoup investi dans sa campagne électorale. Il n'a reçu de l'argent que de mon copain promoteur, le reste venait de lui. Lorsqu'on va louer ensemble pour l'été, avec nos femmes respectives, une belle maison à Ramatuelle, à côté de Saint-Tropez, il vient d'être élu maire. Il y a toute une tripotée de mecs qui veulent constamment lui parler, donc on reçoit tout le temps : le patron de la Cogedim, Michel Mauer, d'autres promoteurs, quelques politiques... Lorsqu'un type qui est dans l'immobilier et un politicien ont l'occasion de se rencontrer, la discussion vient forcément à un moment donné sur : "Qu'est-ce qu'il y a à faire chez vous ? Est-ce qu'il y a des opportunités ? Si c'est le cas, vous savez que je suis un type correct et que j'ai bonne réputation, je suis preneur." En général, ça se passe autour de déjeuners, l'idéal, pour le promoteur, étant d'être invité par le futur décideur. Il y avait aussi des politiques qui venaient nous voir : Simone Veil, Michel Giraud, l'ancien président RPR du conseil régional d'Île-de-France, Charles Pasqua... Tous les gens qui étaient en vacances dans le coin, en fait. Ce qui était marrant, c'est qu'on avait loué la baraque *fifty-fifty*, mais Isabelle était arrivée deux jours avant nous pour s'installer : elle avait choisi la maison principale et nous avait laissé la *guest house*. Ça, ma femme, ça la rendait folle ! Elle était d'autant plus furieuse qu'on avait aussi décidé de diviser les frais en deux. Or, nous, en un mois, on a dû avoir à peu près sept ou huit invités, alors que les Balkany en ont eu quinze par jour ! Après, on n'est plus repartis en vacances ensemble. De toute façon, Patrick n'avait plus besoin de moi pour louer une maison. Il était à l'abri du besoin ».

D'une certaine manière, l'accession à la mairie de Levallois-Perret n'aurait-elle pas constitué pour

Balkany une forme de retour sur investissement ? Schuller réfute l'analyse, trop simpliste à ses yeux. « Patrick a dépensé son propre argent parce qu'il savait que ça allait lui construire une vie politique, pas forcément en se disant que c'était un investissement et qu'il allait en gagner encore plus en retour. Balkany a toujours baigné dans le fric, il a épousé une fille qui était pleine de thunes, donc il n'a jamais manqué de rien. Son carburant, ça a plutôt toujours été les symboles : la cocarde, les pimpons, etc. Il aime bien les attributs du pouvoir. »

Sur bien des plans finalement, Schuller se distingue de Balkany.

« Moi, c'est un peu différent, c'est vrai. À Clichy, c'est parce qu'on m'a dit qu'il y aurait de l'argent à ma disposition et que je n'aurais pas à investir moi-même que j'y suis allé. Il était exclu, même si j'avais de l'argent, de sortir du pognon de ma poche, question de principe. » Il a changé d'avis, depuis. Il promet de faire campagne, en vue de l'élection municipale de 2014, sur ses propres deniers. Une campagne électorale de pauvre, sans moyens. Oubliés, assure-t-il, les milliers de bouquets de fleurs, les boîtes de chocolats, les enveloppes bourrées d'espèces destinées aux colleurs d'affiches… Il revient à ses déboires judiciaires qui l'obsèdent.

« Contrairement à ce que les magistrats pensaient, ce n'est pas moi qui pouvais décider que des entreprises travaillant pour l'office départemental financeraient une partie de ma campagne, martèle-t-il. Je n'étais que directeur général, pas président. Mais évidemment, il y a eu un feu vert des patrons. Sinon, ça n'aurait pas été possible. »

Pour illustrer la conquête de Levallois-Perret par les Balkany, Schuller puise dans la mythologie américaine. « Balkany, il sait qu'il arrive dans un secteur qui est une réserve d'Indiens. Oui, c'est exactement l'histoire des Indiens. Les cow-boys, quand ils sont allés dans le Grand Ouest, ils ont piqué des terrains aux Indiens. Là où il y avait les Indiens, il y avait des terres exploitables. Là où il y avait les communistes, il y avait les terrains libres. C'est encore le cas de Clichy aujourd'hui, d'ailleurs. Ce n'est plus la même réserve de terrains qu'il y a quinze ans, mais enfin ça reste potentiellement intéressant... La ville peut encore être totalement transformée. Mais il n'y a pas que le côté financier. Il y a aussi l'aspect intellectuel : c'est marrant d'édifier une ville. »

X

« Ma mission à l'office HLM des Hauts-de-Seine : le financement du RPR. »

Dès mars 1986, la parenthèse de la gauche au pouvoir se referme. Vainqueur des élections législatives, le RPR prend les commandes de Matignon, où se réinstalle naturellement, dix ans après en avoir claqué la porte, le leader de l'opposition, Jacques Chirac.

Schuller peut revenir dans le jeu. Il souhaite se faire nommer sous-préfet à Saverne, dans le Bas-Rhin. « Saverne, pour plein de raisons. J'ai ma chasse à côté, j'en ai un peu marre d'aller faire le guignol chez les émirs, ce sont quand même mes amis qui arrivent au pouvoir et, surtout, Pasqua est ministre de l'Intérieur. » À propos de cette chasse, dans laquelle il avait pris des parts, Jean-Paul Schimpf livrera aux juges cette anecdote : « M. Schuller a fait venir un Arabe à cette chasse. Cet Arabe avait proposé de verser sa contribution à M. Schuller pour la chasse. Lorsque l'argent est arrivé sur mon compte à la Julius Baer à Zurich, je l'ai reversé sur le compte de chasse de M. Schuller. » Ce dernier précisera aux magistrats qu'il devait s'agir du « cousin du roi d'Arabie Saoudite », et que « des amis libanais, des Koweïtiens », lui avaient aussi versé des fonds sur son compte chasse.

« Malgré la victoire de la droite en 1986, je ne cherche pas spécialement un poste plus près du pouvoir, relate Schuller. Je suis un épicurien : j'avais envie de chasser, donc j'ai demandé un poste en Alsace ! Lors d'un dîner chez Patrick Balkany, j'ai pris Pasqua à part et je lui ai fait part de ma volonté. Il m'a dit : "Fais-moi un courrier et je m'en occupe." Je lui donne ma lettre et, trois ou quatre jours plus tard, je suis convoqué place Beauvau... » Dans le bureau du ministre de l'Intérieur, Schuller s'attend à une affectation tranquille. Balkany est présent. Mais, surprise, Pasqua a d'autres idées. Plus terre à terre. Plus intéressées. Le soldat Schuller peut encore servir...

« Pasqua me dit : "Tu vas devenir directeur général de l'office HLM des Hauts-de-Seine, on n'a pas besoin de toi à Saverne." Ça, je ne m'y attendais pas. J'ai protesté. Ils m'ont répondu qu'ils n'avaient pas le choix et que ça suffisait de faire le con, qu'il y avait un moment où il fallait être sérieux... Bref, Pasqua m'a fait la morale. » « Il ne m'a jamais demandé à être nommé sous-prefet, rétorque Pasqua. En tout cas, je n'en ai pas le souvenir. C'est Balkany qui a géré ça. »

Patrick Balkany est président de l'office départemental (l'OPDHLM 92) depuis un an. Il souhaite se débarrasser de son directeur général, Pierre-Henri Paillet, et le remplacer par « un homme à lui ». Comprendre : quelqu'un de sûr.

Didier Schuller.

« Je n'ai pas le choix : en septembre 1986, je prends la place de Paillet, à qui ils ont trouvé un "fromage" [M. Paillet, que nous n'avons pu joindre, fut placé à la tête d'une société d'économie mixte]. Le poste est à peu près équivalent en terme de salaire à celui de sous-préfet à Saverne, c'est-à-dire environ 35 000 francs par mois. Balkany ne peut pas occuper cette fonction de directeur général parce qu'il est déjà président de l'Office. Et puis, il est aussi député et maire de Levallois, et en outre il n'a pas la compétence. C'est compliqué, il y a mille employés, près de trente mille logements à gérer, un budget de 1,7 milliard de francs... Donc ma mission à moi, c'est de remettre de l'ordre dans l'Office : nettoyer toutes les scories de l'ex-président Robert Parenty, embaucher de nouveaux fonctionnaires, faire partir les anciens... Sur douze cadres supérieurs, j'ai dû en virer six, trop mouillés avec le CDS. Jusque-là, c'était extrêmement mal géré. Il y avait beaucoup d'impayés, environ 20 %. Et surtout, il n'y avait pas d'aide politique. »

Schuller traduit ce qu'il entend par « aide politique » : « En clair, le conseil général considérait qu'il fallait cesser de donner de l'oseille au CDS, et en filer au RPR, d'où l'éviction de Parenty. C'était une décision politique : grâce à ça, on a quand même repris beaucoup de villes. On a conquis Châtenay-Malabry par exemple, on a garanti Suresnes... Parce qu'on a transformé la vie des gens. Donc ils se sont mis à voter pour nous. Le Plessis-Robinson est une ville qui votait à 70 % communiste au premier tour. On ne m'a pas dit tout de suite que j'avais une mission de financement du RPR, mais on me l'a quand même fait comprendre très rapidement. On me l'a vraiment présenté comme une remise en ordre administrative avec un objectif de reconquête politique. »

Robert Parenty, toujours alerte à 92 ans, a conservé les mêmes souvenirs de cette période que Didier Schuller, quitte à l'évoquer à mots choisis. « Le RPR vivait assez mal le financement du CDS, en effet !, confie-t-il. Quand j'ai été "remercié", il est clair qu'il s'agissait d'une reprise en main de l'office par le parti gaulliste », ajoute M. Parenty. Et lorsqu'on lui demande si son éviction avait pour but de s'assurer que l'argent profitant jusqu'alors au CDS serait désormais réorienté vers les caisses du RPR, l'ancien sénateur des Hauts-de-Seine (entre 1975 et 1977) répond malicieusement : « Vous ne vous trompez pas, je pense ! » Charles Pasqua confirme également que le RPR avait souhaité à l'époque « couper les vivres au CDS ». Et l'ancien ministre d'ajouter : « Et Parenty n'était pas le dernier à mettre la main dans le pot de confiture ! »

La première année, Schuller prend sa mission à cœur, fait le ménage à l'Office, vire des cadres à tour de bras et surtout, en bon commercial, trouve des financements pour développer l'office HLM. « Ça, c'est grâce à Balkany, reconnaît-il. On est passé de 50 millions de francs à 800 ou 900 millions de subventions annuelles du conseil général ! » L'Office multiplie les chantiers juteux. Dans un courrier du 28 mars 1994 adressé au ministre de l'Équipement, Patrick Balkany vantera d'ailleurs les mérites de son protégé Schuller : « Sous sa direction, se félicite le président de l'OPDHLM, l'Office a ainsi réalisé plus de 4 milliards de francs de travaux de construction neuve, de réhabilitation lourde et de grosses réparations, ce qui constitue une réfé-rence au plan national. » L'autre versant de cette fréné-sie immobilière, c'est l'inflation des pots-de-vin versés par les attributaires des nombreux marchés…

Pour se « protéger » comme il dit, Didier Schuller embauche, en novembre 1986, un fonctionnaire du ministère de l'Équipement réputé pour sa parfaite connaissance des marchés publics, Pierre Bourgoin, nommé directeur général adjoint. « Et ce n'était pas un fantoche ! s'exclame-t-il. Si l'on regarde les marchés signés, on voit bien que 95 % l'ont été par lui. Si je dis que je l'ai nommé "pour me protéger" – ça n'a servi à rien, évidemment –, c'est parce que je n'ai jamais voulu participer à une commission d'appel d'offres. C'est pour ça que je n'ai jamais digéré ma condamna-tion : le motif pour lequel j'ai été condamné n'existe pas. Bref, j'avais tout de suite anticipé les problèmes à venir. Je suis loin d'être un enfant de chœur, je m'étais déjà occupé des grandes surfaces, je savais qu'avec les chantiers de construction ou de réhabilitation de logements il y avait matière à détournement d'argent... Pourquoi est-ce qu'on m'a demandé de virer les mecs du CDS si ce n'est parce que le RPR avait l'intention de reprendre le truc ? Pourtant la protection que j'ai voulu mettre en place n'a pas fonctionné. Bourgoin a été mis en examen mais n'a jamais été convoqué par le tribunal, car il a obtenu un non-lieu. Et il est resté directeur général de l'Office, dont il a pris la tête en 1994, jusqu'en 2012 ! Je sais qu'ils ont essayé de s'en débarrasser avant, mais il en sait trop. C'est une vraie Bible ! C'est un garçon intelligent, qui ne fait pas de politique. » Cité à plusieurs reprises dans cet ouvrage, M. Bourgoin n'a pas souhaité répondre à nos questions. « L'affaire que vous évoquez, nous a-t-il indiqué par texto, a fait l'objet d'une très longue enquête, confiée à plusieurs juges d'instruction successifs qui ont eux-mêmes missionné plusieurs expertises spécialisées de grande ampleur. Au bout de dix ans d'instruction, en février 2005, j'ai obtenu un non-lieu définitif. Vous comprendrez donc que je ne souhaite plus échanger à ce sujet. »

À la lecture de la procédure judiciaire justement, on discerne mieux les rôles joués par MM. Balkany et Bourgoin dans l'attribution des marchés. Par exemple, ce témoignage, recueilli par la PJ en mars 1996, de Marie-Paule Foch, une secrétaire qui assistait à toutes les commissions d'appel d'offres : « Les marchés sont signés par le président de l'Office ou par délégation par le directeur général, M. Bourgoin. » Ou celui de Marie-Christine Roger, ex-directrice de l'OPDHLM, entendue en décembre 1999 : « La gestion courante de l'Office relevait en fait de M. Bourgoin. On voyait apparaître de temps en temps M. Schuller. » Ou encore celui de Max Catrin, vice-président de l'Office, interrogé en février 2000 : « À mon sens, M. Balkany devait donner les orientations de l'OPDHLM 92. En ce qui concerne MM. Schuller et Bourgoin, ils semblaient gérer l'OPDHLM dans le sens des orientations définies [...]. Je n'ai jamais noté la présence de M. Schuller aux commissions d'appel d'offres. » Même le fidèle Hervé Bolze, directeur du cabinet de Patrick Balkany à la mairie de Levallois-Perret [1986-1995] puis à l'office HLM, concéda aux policiers, en octobre 2003, que « beaucoup d'entreprises [...] effectuaient des dons pour entretenir de bonnes relations avec Patrick Balkany ».

« Vous voulez dire que concrètement, dans ce cas de figure, à savoir un don en face d'un marché, M. Balkany avait un certain pouvoir de nuisance vis-à-vis des sociétés attributaires ? » demandent les policiers. « Théoriquement oui », admet Hervé Bolze. Autant d'imputations vivement contestées par Patrick Balkany pendant l'instruction.

« Je ne me suis jamais occupé ni de près ni de loin des entreprises qui travaillaient avec l'Office », certifie-t-il ainsi devant les juges en juillet 2003. Dès mars 2000, il avait assuré aux policiers avoir « eu le sentiment que dans ce secteur, il n'y avait pas d'entente, et qu'il n'y avait pas de favoritisme ». De son côté, Pierre Bourgoin déclare aux enquêteurs, également en mars 2000, à propos du trucage généralisé des marchés publics : « Si entente (illicite) il y a eu, elle a très bien pu s'organiser à l'insu de l'Office. » À propos des entreprises favorisées, il fait observer que « la plupart de ces sociétés obtenaient déjà des marchés avant ma participation à la commission d'appel d'offres et même avant mon arrivée à l'Office ».

À l'OPDHLM en tout cas, un drôle de système se met en place. Un État dans l'État. L'argent coule à flots ininterrompus, Schuller ne pose pas trop de questions. À l'époque, il fait preuve d'un talent incontestable pour organiser la corruption, les trafics d'influence et conflits d'intérêts en tous genres, quitte à ne pas en être le bénéficiaire.

« À l'office départemental, reprend Schuller, on a embauché une assistante d'Alain Juppé au RPR, dont il était alors le secrétaire général. Un pur emploi fictif... On a par ailleurs salarié, pour un vrai job cette fois, la femme d'un haut magistrat proche de Chirac, Alexandre Benmakhlouf, futur procureur général de Paris [1996-2000]. Et, s'agissant des marchés, je recevais en permanence des conseils de Pasqua, de Balkany, qui me disaient qui il fallait prendre ou ne pas prendre. Ils me faisaient choisir telle entreprise plutôt que telle autre. Ils n'avaient pas besoin de me dire pourquoi. Souvent, c'était pour faire plaisir à un vieux copain. Pasqua m'avait demandé une fois de faire appel à un type, un Arménien, pour installer des compteurs de chaleur sur les radiateurs des appartements gérés par l'Office, et il se trouve que cet homme lui donnait de l'argent pour ses campagnes électorales. J'ai répercuté la demande de Pasqua à Bourgoin, qui s'est exécuté. J'entends encore Pasqua me dire à propos de l'entrepreneur : "C'est mon ami, un type formidable, qui met régulièrement à ma disposition un petit avion. En plus, sa société fera faire des économies aux locataires." Tout ça, c'était des renvois d'ascenseur classiques. » Charles Pasqua conteste, lui, être intervenu en faveur de cet entrepreneur : « C'est un marseillais, qui a fait des affaires avec des offices HLM en effet, mais il ne m'a jamais prêté son avion, et je me foutais de savoir s'il travaillait avec l'office HLM du 92. » « Sinon, les marchés étaient répartis entre les grands groupes français du BTP, reprend Schuller. Ils étaient généralement truqués en amont, les entreprises se mettant d'accord entre elles. Toutes les procédures officielles sont bidons, en fait. Mais je ne m'occupais pas de tout ça directement ! J'étais au courant parce que j'assistais aux réunions pendant lesquelles Balkany donnait ses instructions à Bourgoin. De temps en temps, on avait affaire à Pierre-Henri Paillet, installé à la tête de la SEM 92 par Pasqua. Il nous disait parfois : "Ce serait bien que vous choisissiez cette société... Nous, on est en contact avec Untel... Prenez plutôt X que Y, etc." Enfin, mon sentiment est que tous les grands marchés publics ont été arbitrés. Par qui ? Cela se jouait au-dessus de moi. Il y avait même peut-être une répartition régionale. Ce sont toujours les mêmes

121

groupes qui sont partout. Ils sont sur les marchés de l'Île-de-France, de la Ville de Paris… Je suis certain qu'il y avait une espèce de chambre de compensation. Même entre partis. Est-ce qu'elle se réunissait à la Fédération française du bâtiment ? Est-ce qu'elle se réunit encore aujourd'hui ? De toute façon, ce partage des marchés a depuis été établi au grand jour grâce à l'affaire des lycées de la région Île-de-France. Et je suis convaincu que rien n'a changé sur ce point. En tout cas, de mon côté, pour les habitants, j'ai fait le nécessaire afin que tout le monde soit content. Lorsque l'affaire des HLM des Hauts-de-Seine a éclaté, j'insiste sur ce point, il n'y a pas eu un syndicat de locataires qui ait protesté. Or, les syndicats de locataires, ils sont soit communistes, soit socialistes. Ça veut dire quelque chose, non ? "Que tout le monde soit content", ça veut dire que même les socialistes discutaient avec Balkany, voire au-dessus de lui. Ils touchaient aussi de l'argent des entreprises qui décrochaient le marché. Mais ça ne se passait pas à mon niveau, ce qui est plutôt normal. Bref, il y avait un partage du gâteau. Ça excluait le Front national, en revanche. Cela se faisait entre grands partis démocrates. Le CDS n'avait pas de voix au chapitre non plus. J'ai participé à des réunions entre Balkany et la gauche où il était question de votes au conseil d'administration en échange d'une part des commissions, environ 3 % en général. C'était très variable en fait. Disons que ça allait de 1,5 % à 4 %. Au départ, c'était occulte. Et ensuite, c'est entré dans le cadre de la loi Rocard, à travers des chèques, des dons. Des dons des entreprises au Parti socialiste, au Parti communiste... »

Didier Schuller se souvient en tout cas qu'à partir du milieu des années 1980, « le financement de la circonscription passait par Balkany. D'ailleurs, ensuite, quand le RPR financera nos campagnes électorales, l'argent arrivant sur le compte du RPR de Clichy passera d'abord par le RPR de Levallois. En fait, le système était le suivant : les entreprises envoyaient leur chèque soit au RPR national, qui transmettait sa part au RPR Hauts-de-Seine, soit directement au RPR Hauts-de-Seine, qui faisait un chèque au RPR de Levallois, qui lui-même faisait un chèque au RPR de Clichy ! ».

Il y avait aussi le financement « indirect », via les publicités. « Concrètement, décrypte Schuller, je disais à Bourgoin, qui était en contact avec les entreprises : "Ce serait bien que, dans le journal électoral de la circonscription, on ait une publicité." Ensuite, Bourgoin trouvait la société. Les entreprises prennent de la pub dans ces journaux de campagne, même pas forcément parce qu'elles attendent quelque chose en retour, mais souvent pour remercier, parce qu'elles ont déjà eu le retour, c'est-à-dire le marché. Ça, c'est valable partout et ça continue. De ce que j'ai vu, ce sont clairement les entreprises du bâtiment qui investissaient le plus. Surtout dans une ville comme Levallois, où l'on détruisait et reconstruisait énormément, le BTP, c'est la source. »

Du coup, après sa nomination à l'office HLM, Didier Schuller, même s'il n'est pas l'opérateur en chef, devient un expert en appels d'offres truqués ! « Comment on les maquille ? Les boîtes se mettent d'accord avant. Il y a des marchés qui, par leur taille, ne sont pas accessibles aux petites boîtes. Il n'y a que des entreprises d'une certaine importance qui peuvent se regrouper. Or, ces mecs-là font des réunions au préalable. Ils se répartissent les chantiers. Derrière les apparences, il y a deux systèmes parallèles : les entreprises qui se mettent d'accord entre elles d'un côté, puis les politiques qui prennent chacun une partie de l'argent au final. Mais ce sont les politiques qui fixent les règles. Toutes les procédures avec les appels d'offres, le préfet, etc., c'est du flan, c'est une couverture pour l'opinion publique. »

Président de l'Office, Patrick Balkany est aux premières loges. « La permanence de Levallois, les emplois de complaisance – Balkany employait à la mairie des militants de sa permanence –, et puis il y avait les chèques pour le RPR... Tout cela était très organisé encore une fois : la répartition entre Clichy, Levallois, la fédération départementale... Personne n'a jamais voulu chercher ce qui s'était passé, mais enfin, tout ça était traçable. Il suffisait de regarder. Par exemple quand Bouygues donnait 3 millions de francs répartis en six sociétés qui apportaient 500 000 francs chacune, le maximum autorisé par la loi Rocard. Les chèques partaient à la fédération départementale du RPR. Pasqua retenait 15 % ou 20 %, pour les dépenses de la fédé. Et les 80 % restants, il les dispatchait. À la fin essentiellement à Clichy d'ailleurs, parce que l'objectif, la priorité, était de prendre Clichy à la gauche, donc on devait récupérer 60 % pratiquement. Et il y avait 20 % qui partaient à Levallois, qui avait déjà basculé à droite. Officiellement, c'était présenté comme des dons légaux, mais étant donné que ça venait de marchés sciemment truqués, c'était totalement illicite. Ça c'est vraiment passé ainsi sauf que, quand j'y ai fait allusion devant le juge, il n'a pas semblé s'intéresser à la comptabilité du RPR des Hauts-de-Seine, dont s'occupait M. Patrick Devedjian, le fameux "nettoyeur des écuries d'Augias". C'est dommage, il aurait quand même pu être intéressant de regarder d'où venaient les ressources de la fédération départementale du RPR 92. » Patrick Devedjian fut de la fin des années 1970 jusqu'au milieu des années 1980 l'un des deux secrétaires départementaux adjoints de la fédération des Hauts-de-Seine du parti gaulliste (l'autre étant un certain Nicolas Sarkozy). Il dément avoir eu connaissance de la moindre irrégularité : « À mon niveau, je n'ai jamais entendu parler de quoi que ce soit, jamais vu circuler d'enveloppes, assure-t-il. S'agissant des malversations orchestrées en marge des marchés publics, à mon sens, le RPR 92 n'a pas touché un fifrelin ! Pas plus le RPR national d'ailleurs. » Cela étant, la piste de l'enrichissement personnel ne lui semble pas être une aberration. Avec un sourire carnassier, il ajoute, pour être certain d'être bien compris : « Les Balkany sont à leur compte, ils ne travaillent que pour eux.

Charles Ceccaldi-Raynaud [inamovible maire et sénateur (UMP) de Puteaux jusqu'en 2004] disait d'ailleurs
toujours à propos de Patrick Balkany qu'il faisait deux
appels d'offres par marché ! » Comprendre : l'un parfaitement officiel, et l'autre en sous-main, entre initiés.
« Il aurait aussi fallu interroger les anciens dirigeants
de la SEM 92, reprend Didier Schuller. La SEM 92, en
matière de financement politique, c'était autre chose
que l'office départemental ! Je l'avais dit aux enquêteurs, mais personne n'a jamais donné suite. Du coup,
j'ai pris pour tout le monde... »

Dans ses notes rédigées en prison, en 2002, Schuller
soulignait déjà : « S'agissant de [la] conquête d'un
bastion socialiste, il fallait se débrouiller et il fallait
beaucoup d'argent. »

Lui-même n'est pas à plaindre à l'époque : en plus
de son salaire de directeur général des HLM, il per-
çoit à partir de décembre 1989 une rémunération de
13 400 francs par mois de la Semarelp, la principale
société d'économie mixte de la ville de Levallois-Perret,
dont il est censé conseiller le président, qui n'est autre
que Patrick Balkany. La découverte de cette rémunération, en 1995, intriguera les juges d'instruction chargés
de l'enquête sur les HLM des Hauts-de-Seine, persuadés qu'il s'agit d'un emploi fictif. Devant les magistrats, Schuller estimera au total ses revenus mensuels
de l'époque « aux alentours de 65 000 francs ».

Didier Schuller se souvient qu'avant la fameuse loi
Rocard de 1990 censée encadrer le financement de la
vie politique, « ce n'étaient pas des chèques mais des

valises qui arrivaient. Les gros trucs, je ne les voyais pas. Mais il y a eu effectivement des *peanuts*, des cacahuètes, genre 100 000 ou 200 000 francs, émanant de sociétés modestes. Avec les petites boîtes, c'étaient les PDG eux-mêmes qui apportaient l'enveloppe. Il faut bien comprendre que l'office HLM, c'était important mais, par rapport aux grandes opérations de Levallois, c'était quand même mineur. Les PDG apportaient leurs enveloppes à Bourgoin, et Bourgoin m'en rendait compte. Si j'étais présent, il me donnait l'enveloppe bourrée d'espèces que je remettais ensuite à Balkany. Sinon, il allait la remettre lui-même à Balkany ou au directeur du cabinet de celui-ci. Le ballet des enveloppes s'accélérait au moment des campagnes électorales, bien entendu ».

Selon Schuller, le PS était donc aussi, parfois, invité au festin : « Il y a de l'argent qui a été donné au PS, tout simplement parce qu'il y avait des socialistes, notamment des membres de la fédération PS du 92, au conseil d'administration de l'Office. Et donc il y avait une répartition équitable entre les partis. C'était une consigne nationale que j'ai appliquée. Et Chirac était plus qu'au courant. »

Ce système bien huilé a failli déraper fin 1994, quand les chiraquiens ont compris qu'Édouard Balladur allait se présenter contre leur champion à l'élection présidentielle de 1995. « Lorsque la rue de Lille, tenue par Chirac, s'est aperçue de la "dérivation", à savoir que la fédération RPR des Hauts-de-Seine finançait la campagne de Balladur, elle a changé les règles de répartition des "dons" des entreprises, qui devaient cette fois verser directement au siège, qui à son tour redistribuait une partie des sommes aux fédés départementales. L'idée était d'assécher le réseau concurrent. »

Et puis, en plus des financements politiques, l'office HLM constituait un formidable instrument au service du clientélisme effréné que le RPR des Hauts-de-Seine avait développé. Schuller est sans cesse sollicité pour « caser » tel ou tel ami. « Les interventions, c'était pour plein de choses, rendre service à des gens importants, le cabinet du Premier ministre Jacques Chirac, par exemple… Pendant deux ans, de 1986 à 1988, comme on était au pouvoir, ça ne venait pas seulement de Matignon. C'était parfois le cabinet de Pasqua à l'Intérieur qui demandait un service. On a logé pas mal de flics… Je me rappelle, j'avais un copain, un haut responsable policier, qui avait appelé pour trouver un appart à un commissaire divisionnaire. Immédiatement, on l'avait logé. Mais à chaque fois, je passais par Balkany. En tout cas, les commissions d'attribution, c'était complètement du pipeau. C'était l'exécutif, c'est-à-dire le président, qui tranchait. »

Ce qui n'allait pas, parfois, sans créer certaines tensions, y compris au sein du RPR des Hauts-de-Seine. Notamment avec le maire d'Antony, Patrick Devedjian.

« Le grand conflit entre Devedjian et Balkany est venu des attributions de l'Office, confirme Schuller. Parce que, à Antony, il devait y avoir à peu près trois mille logements gérés par l'OPDHLM 92... Et qui signait les attributions ? La présidence de l'Office, donc Balkany. Et il s'est défaussé sur Devedjian d'une partie difficile de la population de sa commune, en vue de faire avancer ses luxueux projets immobiliers à Levallois. Ça mettait Devedjian hors de lui ! Et comme il avait peur de Balkany, c'est sur ma gueule que ça retombait. Il m'insultait au téléphone. Alors que je n'y pouvais absolument rien. Je n'ai pas fait une seule attribution pendant mon mandat de directeur général ! Par exemple, quand j'ai quitté ma femme et que je me suis installé avec Christel, pour avoir un studio à Neuilly, j'ai été obligé de le quémander auprès de Balkany... »

Fatima Messaoudi peut témoigner de la volonté des Balkany de trier soigneusement leur électorat, tout en se débarrassant d'un certain type de population, comme Schuller le rapporte. Cette femme d'origine algérienne est aujourd'hui conseillère municipale à Antony, toujours dans les Hauts-de-Seine, et elle demeure proche des Devedjian : « À l'époque, révèle-t-elle, je n'étais pas encore française, et j'occupais un studio à Levallois, avec mes trois enfants. J'étais prioritaire sur la liste des relogements. Je n'ai jamais pu avoir un nouvel appartement à Levallois, alors que ma voisine, avec un seul enfant à charge, l'a obtenu. On m'a clairement fait comprendre, en mairie, qu'elle était française, et qu'elle pouvait voter, elle... » Fatima Messaoudi n'est jamais parvenue à s'en expliquer réellement avec Patrick Balkany. « Il ne voulait pas me recevoir. Il m'a jeté. Cet homme ne fait qu'acheter ses voix. Mais on est nombreux à avoir vécu cela, c'est du racisme, il aime les Maghrébins seulement quand ils ont de l'argent et un nom. »

La famille Messaoudi a finalement émigré à Antony, mais la cicatrice reste béante. « Je ne lui serrerai jamais la main... » assure à propos de Patrick Balkany l'élue... UMP, au même titre que le maire de Levallois-Perret.

Patrick Devedjian lui-même confirme totalement les propos de Didier Schuller sur ce sujet. Dans son vaste bureau de président (UMP) du conseil général des Hauts-de-Seine, la bête noire du couple Balkany va même jusqu'à parler d'« épuration ethnique à Levallois ». « À l'époque, j'ai récupéré sur ma commune d'Antony beaucoup de gens issus de milieux défavorisés venant de Levallois-Perret, des étrangers pour la plupart. J'ai en effet protesté énergiquement contre cette politique scandaleuse. Concentrer toutes les familles en difficulté dans un même lieu, c'est créer des ghettos, donc des bombes à retardement. »

Charles Pasqua, lui, ne conteste pas être « intervenu de temps en temps pour trouver des logements, notamment pour le personnel du Conseil général » (qu'il a présidé de 1974 à 1976 puis de 1988 à 2004). « À partir du moment où le Département subventionnait l'office, cela me semblait normal. » Et l'ancien ministre de l'Intérieur de lancer, avec son inimitable accent provençal : « Cela m'a été reproché par la Cour des comptes, mais je les emmerde ! »

XI

« À Clichy, je payais les conseillers municipaux adverses. »

Après l'administration, la politique. Didier Schuller donne entière satisfaction à son poste de directeur général des HLM du 92. Du coup, dès 1988, le RPR estime qu'il est mûr pour se présenter aux élections. La première cohabitation s'est achevée par une bérézina pour la droite. Piégé par le roué François Mitterrand, Jacques Chirac est largement battu, en mai 1988, par le président socialiste sortant, qui provoque logiquement de nouvelles législatives. « Très vite, je me retrouve candidat numéro deux sur la liste de Balkany, qui se présente à la députation dans la circonscription de Levallois, se souvient Schuller. Mon boulot de fonctionnaire va pratiquement s'arrêter à ce moment-là. De toute façon, j'ai remis de l'ordre à l'Office, le truc tourne. Même si je vais continuer à aller au conseil général pour négocier des budgets, ou rencontrer des types, faire du lobbying en quelque sorte. »

Élu député suppléant de Balkany, vainqueur en juin 1988, Schuller se lance dans la foulée dans une nouvelle campagne, pour lui-même cette fois, en visant la ville de Clichy à l'occasion des municipales de mars 1989. Prendre ce bastion de la gauche relève de la gageure. « Je suis battu avec 48 % des voix, mais je deviens le leader de l'opposition de cette ville. J'ai quand même fait un très bon score. Honnêtement, je ne croyais vraiment pas être élu, donc je ne suis pas déçu. Et je suis convaincu que, si je continue à travailler pendant six ans, je vais prendre la mairie aux prochaines municipales. C'est sûrement ce qu'il se serait passé s'il n'y avait pas eu l'affaire Maréchal… »

En tout cas, malgré, ou plutôt grâce à cette défaite honorable, la fusée Schuller est sur orbite : en 1992, il devient conseiller régional et, en 1994, conseiller général.

Pour sa campagne municipale de 1989, l'homme chargé de sa communication est un publicitaire réputé, Thierry Saussez. « C'est Balkany qui me l'a imposé. C'est un type dont on m'avait vanté l'efficacité et qui, avant, avait été chargé de la communication du gouvernement. Sauf que pour ma campagne, il a été pathétique. Tout le discours du maire socialiste sortant, Gilles Catoire, était de dire : "Attention, si vous élisez Schuller, vous allez avoir Balkany, tous les pauvres vont être virés, etc." Et voilà que Thierry Saussez me sort une affiche avec des immeubles Cogedim tout neufs en arrière-plan,

et barrée du slogan : "Ensemble, rénovons Clichy."
Je ne sais pas si ça m'a fait perdre, mais, en tout cas,
pour les élections cantonales de 1994, je n'ai pas pris
Saussez ! Et puis, en 1989, je n'ai pas réussi à me
démarquer assez de Balkany. J'avais conscience de
ça et, en même temps, c'étaient eux qui payaient ma
campagne, Balkany était mon patron à l'Office... En
revanche, pendant ma campagne de 1994, Balkany
avait interdiction de se pointer à Clichy ! »

En 1989, Didier Schuller comprend surtout que,
dans une joute électorale, tous les coups sont permis.
Recommandés, même. « Catoire par exemple allait
voir les Beurs et leur disait : "Attention, si vous votez
pour Schuller, c'est comme si vous attiriez l'armée
israélienne ici." Et ça marchait ! J'ai fini par faire
mon trou dans les populations de la diversité, mais
au départ j'ai eu du mal, j'étais présenté par mes
adversaires comme une espèce de néonazi israélien ! »
Aujourd'hui, il sourit en constatant, plus de vingt ans
après, sa réelle popularité dans les quartiers chauds de
Clichy : « Comme j'ai fait de la taule, les gamins me
considèrent comme l'un des leurs ! »

Dès 1989, Schuller s'initie à d'autres « astuces »,
assez éloignées de l'idée que l'on peut se faire de la
morale publique. « Pendant les campagnes, s'amuse-
t-il, on espionne l'adversaire. On infiltre le camp
opposé de trois manières différentes. La première, c'est
si les mecs de l'autre côté se disent : "Attention, on va
être battus, l'autre est meilleur", donc ils trahissent,
par pur opportunisme. La deuxième, c'est que le type

du camp d'en face n'a pas eu la carrière qu'il espérait, donc il se venge. Et la troisième façon, c'est par le blé, tout simplement. Moi, pendant des années, j'ai payé des gens extrêmement proches de Catoire. Je leur donnais une prime mensuelle occulte, en liquide, de l'ordre de 5 000 francs par mois. L'argent venait du RPR, des entrepreneurs qui me finançaient... S'agissant d'une ou deux personnes, c'était moi qui leur remettais l'argent en mains propres. Parmi ces gens que je rémunérais, il y avait des élus municipaux. Donc je savais tout, tout le temps ! Il y avait une réunion du Parti socialiste, de la majorité municipale, du cabinet du maire ? J'étais au courant quinze minutes après. C'est comme si j'étais dans le bureau du maire de Clichy. Et personne ne s'est jamais fait prendre. Il y avait un certain volontariat pour faire ça. Il n'était pas très aimé, Catoire. Avec mes "indics", soit on se téléphonait, soit on se retrouvait discrètement dans des bars, à Asnières, place Pereire dans le 17e, à la sortie d'un métro, ou encore chez moi la nuit à 3 heures du matin... »

Lorsque ses « gorges profondes » lui rapportent des histoires croustillantes, Schuller les fait publier dans son journal, *Le Clichois*. Une publication gérée par l'association Clichy Unie, que préside sa compagne, Christel Delaval. Didier Schuller pense avoir eu d'autant moins de mal à recruter des informateurs que ces derniers « étaient absolument convaincus que je serais le prochain maire ». « Certains d'entre eux sont toujours au conseil municipal. Il y a même eu des adjoints au maire qui, n'ayant pas été repris en 1989, ont balancé des trucs. Cet argent que je distribuais, ça représentait plusieurs dizaines de milliers de francs par mois. Mais, il n'y avait pas que ça. Pour qu'ils soient présents, pour qu'il y ait du monde aux séances, je payais aussi des conseillers municipaux d'opposition, ceux de mon propre camp ! Parce que, en temps normal, ça les fait chier de venir assister au conseil municipal. Par exemple, un conseiller municipal UDF proche de Gérard Longuet me coûtait 5 000 francs par mois juste pour assister au conseil ! Et je ne crois pas que c'était pour son parti ! Au moins, pour moi, il y avait toujours du monde. Ça, je ne l'ai pas appris de Balkany. Je l'ai appris bien avant, des fréquentations que j'avais eues à Matignon et à l'Élysée. Ça a toujours marché comme ça. »

Didier Schuller exhume de son armoire les notes manuscrites rédigées lors de son séjour à la Santé, en 2002, et qu'il avait gardées jusqu'ici secrètes. L'une d'elles, intitulée « Justificatifs 92-93-94 », recense très précisément la distribution d'argent liquide à cette période. À la rubrique « Rémunérations 92-93-94 », on peut lire ainsi : « Conseillers municipaux : 15 000 X 12 X 3. Enveloppes maire "informateurs" : 15 000 X 12 X 3 ». Des chiffres faciles à décrypter : le premier, 15 000 francs, correspond au montant en espèces déboursé par Schuller, le deuxième, 12, au nombre de mois et le troisième, 3, au nombre de personnes concernées. Schuller a donc versé chaque année, entre 1992 et 1994, 180 000 francs en liquide à trois conseillers municipaux de droite désireux de mettre du beurre dans les épinards, et la même somme à trois « traîtres » qu'il avait recrutés dans l'entourage de son adversaire socialiste !

À en croire Didier Schuller, sur les quarante-trois élus siégeant au conseil municipal de Clichy à l'époque, rares en fait étaient ceux à être parfaitement désintéressés. « Des socialistes touchaient de l'argent de leur camp, aussi. Et je me souviens d'une radicale de gauche qui, à chaque élection, entre les deux tours, allait voir les candidats et soutenait le plus offrant. Une vraie "alimentaire", cette femme ! Donc, au conseil municipal, les gens de gauche qui ne trahissaient pas, c'est qu'ils touchaient déjà du maire. À l'arrivée, la plupart arrondissaient leurs fins de mois. Mais si tous les élus étaient mieux rémunérés, ils seraient plus à l'abri de ce genre de choses. »

Lorsqu'il médite sur les pratiques en vigueur à cette époque, Didier Schuller conclut : « Dire que la corruption était généralisée relève de l'euphémisme. Elle était OB-LI-GA-TOI-RE. »

XII

« Les enveloppes étaient remises au RPR de Clichy par une future députée européenne. »

Sa très honorable défaite lors de l'élection municipale de 1989 étant jugée porteuse d'espoir, le RPR décide de renouveler sa confiance à Didier Schuller, surnommé affectueusement « Chou Chou » par les caciques du parti gaulliste, afin qu'il s'implante durablement à Clichy-la-Garenne. La droite compte ravir ce bastion à l'occasion des municipales suivantes, prévues en 1995.

« Pour améliorer mon implantation, se remémore-t-il, on va changer de locaux. On va prendre une magnifique permanence à côté de la mairie de Clichy, qui sera inaugurée par Alain Juppé. Juppé, je connais le bonhomme depuis un moment, mais ça n'a jamais été mon "trip". Il a un côté inspecteur des finances, M. Je-sais-tout, qui m'est insupportable... »

C'est aussi à cette période que, à l'occasion d'un dîner organisé par Bernard Tomasini, l'ex-chef adjoint du cabinet de Charles Pasqua au ministère de l'Intérieur (entre 1986 et 1988), il fait la connaissance de Christel Delaval, de dix-neuf ans sa cadette, avec qui le courant passe immédiatement. « Elle était très motivée pour faire de la politique, ce qui n'était pas le cas de mon épouse. Rapidement, elle va devenir ma partenaire dans la vie et ma directrice de campagne. »

Schuller quitte donc sa femme, s'achète un appartement à Clichy où, de son propre aveu, il est « en campagne permanente ». Toujours directeur général de l'office HLM, Schuller et ses amis vont « construire une vraie machine de guerre ». « En fait, on est devenus un mouvement politique puissant avec les mêmes moyens que le maire. »

Ainsi, pour rivaliser avec le journal municipal, Schuller décide de pérenniser la publication de sa brochure de campagne. *Le Clichois* devient un mensuel, avec une certaine audience. « Il était très lu parce qu'on bénéficiait de la complicité des élus et des fonctionnaires qui balançaient à tout va, et pour cause. Par exemple, l'achat par la mairie d'une nouvelle table de conférence en bois précieux des îles, donc hors de prix, 45 000 francs de mémoire. Or, le maire s'aperçoit qu'elle prend une place démesurée dans la salle de conférences, donc il la fait renvoyer tout de suite. Mais le vendeur de la table n'a jamais voulu résilier le contrat, par conséquent c'étaient 45 000 francs de perdus pour la municipalité. On avait publié ça. C'est ce genre d'informations qu'on sortait en permanence. Ça s'appelait "La rubrique du roi Dagobert", tout simplement parce que le roi Dagobert avait eu son palais à Clichy. »

Le Clichois, surtout, rapporte de l'argent via les encarts publicitaires – des fausses factures aux yeux de la justice. « C'est de la publicité souvent payée par un certain nombre de dirigeants d'entreprises qui travaillent pour le RPR, la mairie de Paris, celle de Neuilly-sur-Seine, ou pour le conseil général des Hauts-de-Seine, réplique Schuller. C'est vrai que les tarifs ont été extrêmement élevés pendant quelques mois, c'est-à-dire qu'on a dû être à 100 000 francs la page au départ, et après on est passés à 15 000 francs. »

Toutefois, la publicité « n'était pas directement liée aux marchés publics de l'office départemental, soutient Schuller. Il y avait deux dimensions dans ces annonces commerciales : les entreprises achetaient de la pub à la fois parce qu'elles pensaient que si j'étais élu, elles y gagneraient, et aussi parce qu'elles se disaient que cette publication était très lue. Car non seulement le journal était distribué à tous les Clichois, mais il était aussi fourni à chaque élu du département des Hauts-de-Seine ainsi qu'aux sénateurs et députés RPR, donc des personnes influentes ».

Interrogé par la police en avril 1995, François Meaume, un courtier en assurances qui avait acheté au prix fort, à partir de 1990, des encarts dans *Le Clichois*, ne dit pas autre chose : « En continuant cette publicité dans *Le Clichois*, j'avais deux objectifs.

Premièrement, maintenir un bon contact avec à l'époque un futur élu, à savoir Didier Schuller alors postulant à la mairie de Clichy. Et deuxièmement, élargir mon relationnel de manière à espérer voir ouvrir certaines portes [pour] mon action commerciale de courtier. »

L'équipe de Didier Schuller ne se contente pas de la propagande. Elle tente, autant que faire se peut, de « doubler tout ce que faisait la municipalité. Ou plus exactement, de refaire ce qu'elle ne faisait plus. Par exemple, par manque de moyens, le maire avait dissous la fanfare municipale. Eh bien, on a récupéré les musiciens ! On les a bien payés, et on a ainsi recréé une fanfare bis ».

Outre les chèques signés par les entreprises évoquées précédemment, Didier Schuller récupère aussi des espèces pour faciliter son implantation. En ces temps « bénis », les « Pascal », ces gros billets de 500 francs, se multiplient comme des petits pains dans les riches Hauts-de-Seine, comme à Paris. Surtout au RPR. C'est l'époque où Jean Tiberi, le fidèle second de Jacques Chirac à la mairie de Paris, invite régulièrement des dizaines de journalistes dans les grands restaurants de la capitale afin de vanter les mérites du maire. À la fin du déjeuner, il s'approche discrètement du patron pour régler l'addition, sortant de son épais portefeuille des liasses de grosses coupures. Pas chien, il ne laisse jamais moins de 500 francs de pourboire. Toute une époque…

« De l'argent liquide, il y en avait toujours, évidemment, confirme Schuller. Concernant mes activités, cela devait représenter à peu près un quart des dépenses totales. Les fonds venaient de la fédération des Hauts-de-Seine, de Pasqua ou de Balkany. Quelqu'un de mon équipe passait à Neuilly, où la fédé du RPR 92 avait son siège, ou au RPR de Levallois, puis il revenait avec le fric en liquide. À la fédération RPR, Isabelle Caullery, future députée européenne, bras droit de Pasqua, et à l'époque secrétaire administrative du RPR des Hauts-de-Seine, remettait de son côté des enveloppes contenant les chèques des entreprises à mon émissaire. »

Mme Caullery, toujours conseillère générale des Hauts-de-Seine, conteste avoir transmis des enveloppes aux émissaires de Schuller. « Si l'argent circulait alors au siège départemental, assure-t-elle, c'est tout à fait légalement, à travers des chèques qu'en tant que simple militante je collectais auprès des entreprises, au profit de l'association de financement du RPR. Je me souviens que les responsables locaux du mouvement gaulliste avaient tous un compte ouvert au nom du RPR, et si des espèces avaient dû alimenter le circuit, les billets n'auraient logiquement pas transité par les instances départementales. »

Autre source de financement, plus indirecte, les emplois fictifs, « la grande spécialité du RPR », comme le résume malicieusement Didier Schuller. « Ainsi, une entreprise qui faisait de l'aménagement de parcs urbains dans le département payait un type qui ne mettait jamais les pieds dans cette société. Et pour cause, son vrai job en fait était de s'occuper de mon journal ! »

Au fil des ans, l'argent l'irriguant sans cesse, selon Schuller, « la permanence est vraiment devenue une mairie bis. On avait notre propre service social : il distribuait, par exemple, en hiver, des filets à provisions d'urgence, composés de produits de première nécessité qu'on achetait et qu'on tenait à la disposition des gens qui le souhaitaient. Il y avait un service d'emploi : les chômeurs pouvaient venir nous voir, quelqu'un les recevait. On a trouvé des centaines de jobs de cette manière. C'est pour ça aussi que je reste populaire à Clichy. Les mômes ont entendu parler de moi par leurs parents. Il y avait également un service juridique, avec un avocat. Et une association de personnes âgées... C'était une vraie ruche, cette permanence ! On était ouverts toute l'année. Au fil des ans, les gens nous connaissaient. Chaque année, on faisait six mille cinq cents cadeaux de Noël, à 120 ou 150 francs le cadeau quand même. Ça, ça marchait bien. Surtout quand on faisait un plus beau cadeau que la mairie. On louait même des cars pour emmener les anciens combattants en Normandie... Il faut dire que les moyens financiers étaient vraiment phénoménaux. Le RPR m'aidait beaucoup parce que Clichy était une place jugée très stratégique. C'était la commune à prendre dans les Hauts-de-Seine. Pour des raisons politiques, d'abord, parce que c'est une ville de gauche depuis toujours. Ensuite, Pasqua avait pris dans cette circonscription une veste électorale mémorable, il fallait laver l'affront. Et puis, je le répète, elle représentait la plus belle réserve foncière de l'ouest parisien. Le RPR avait tout intérêt à pouvoir mener la même politique d'urbanisme qu'à Levallois-Perret, Puteaux et Courbevoie ».

Lors du procès de l'affaire des HLM des Hauts-de-Seine, en juillet 2005, Christel Delaval (elle-même poursuivie et condamnée pour avoir perçu des fonds des sociétés attributaires de marchés) confirma que son compagnon avait voulu « reproduire » à Clichy le « modèle » mis en place à Levallois « afin de constituer une machine de guerre ». Une machine à cash, surtout.

Didier Schuller, qui tenait lui-même une permanence tous les trois jours, recevant en moyenne trente personnes par semaine, admet qu'il faisait « tout ça pour être élu, bien sûr ». Mais il n'y avait pas que ça, prétend-il. « J'avais une réelle empathie pour ces gens. C'est ce qui me rapproche de Chirac, j'aime vraiment aller au contact de mes concitoyens, je me sens à l'aise mais surtout utile. Une scène m'avait beaucoup marquée quand j'étais gosse, au début des années 1950. Je suis donc issu d'une famille bourgeoise, favorisée. Dans la rue où nous vivions, dans le 16e arrondissement, il devait y avoir deux ou trois voitures au maximum. Nous, on avait une superbe 15 CV. On était partis avec mon père chercher du saumon fumé, on est revenus, on s'est garés, et il y avait un mendiant qui était là. Moi, j'étais petit, j'ai eu peur du clochard, je me suis réfugié dans les bras de mon papa. Mon père a sorti son portefeuille, a donné un gros billet au SDF et m'a dit : "Tu vois, si un jour je suis comme lui, j'espère que tu feras la même chose pour moi." Donc, c'est dans cet esprit-là que j'étais à Clichy. Et c'est justement ce qui m'a plu dans cette commune, que ce ne soit pas une ville de "bourges". Je me suis totalement pris au jeu. »

En ce début des années 1990, on s'amuse beaucoup en tout cas chez les barons du RPR des Hauts-de-Seine. L'argent n'est pas un souci, et beaucoup succombent à l'ivresse du pouvoir. Didier Schuller est fasciné par l'insatiable fêtard qu'est Patrick Balkany. Le maire de Levallois-Perret, sacrée carrure au sourire carnassier, est une figure du Tout-Paris *by night*, un séducteur hors pair aussi. Les deux hommes ne se quittent plus, fréquentent des soirées du showbiz où les mets les plus fins, les grands crus, les cigares haut de gamme, les champagnes millésimés... et parfois aussi la cocaïne règnent en maîtres. Sans compter les jolies femmes, bien sûr, omniprésentes, faciles parfois. L'ivresse et la notoriété font tomber les inhibitions. Le libertinage est de règle. Certains dîners bien arrosés virent à l'orgie.

Schuller et Balkany se sentent intouchables, vivent quelques moments mémorables. Comme ce jour où les deux hommes se rendent en Suisse pour « faire le plein », comme dit Schuller. Comprendre : chercher de l'argent liquide chez le gestionnaire de fortune de Didier Schuller, Jacques Heyer.

Ils sont accompagnés par une amie de Balkany, une très belle blonde, accessoirement héritière d'une grande marque de luxe française. Une fois les espèces récupérées, sous la forme de billets de francs suisses, Schuller les remet à Balkany. Le trio a réservé dans un grand hôtel de Genève. Balkany invite ses deux comparses dans sa chambre et là, sous l'œil ahuri de Schuller, il tapisse son lit de coupures de 1 000 francs suisses, sur lesquelles la jeune femme est invitée à s'allonger, nue bien sûr.

Elle ne se fait pas prier.

Et les deux hommes vont ainsi, dans une forêt de billets, profiter des charmes de leur peu sauvage invitée, dans une scène de débauche digne de *Scarface*...

XIII

« Jean-Claude Méry me demande d'intervenir auprès de Pasqua et de Sarkozy pour son dossier. »

Pour la droite, sur le plan national, l'heure de la revanche sonne enfin en mars 1993. La gauche est atomisée lors des élections législatives. Édouard Balladur est choisi par le RPR afin de succéder au socialiste Pierre Bérégovoy à Matignon, pour une nouvelle cohabitation avec François Mitterrand. Le mouvement gaulliste l'espère plus réussie que la première, qui avait largement tourné en défaveur de Jacques Chirac.

L'alternance débute par un drame : Pierre Bérégovoy, terriblement affecté par la défaite du PS et rattrapé par les « affaires », se tire une balle dans la tête, le 1er mai 1993 à Nevers. Dans des circonstances que Schuller continue de juger éminemment suspectes, vingt ans après. « Le lendemain de la mort de Bérégovoy, je suis en Alsace, se souvient-il. J'allais partir chasser le sanglier et j'ai entendu la nouvelle. Le jour suivant, c'était prévu depuis longtemps, je dîne au conseil général des Hauts-de-Seine. Il y avait notamment Charles Pasqua, tout juste redevenu ministre de l'Intérieur, Patrick et Isabelle Balkany, plus deux ou trois personnes. »

À l'époque, le directeur général de l'office HLM n'est pas encore un élu départemental, mais son rôle clé fait qu'il est de toutes les agapes. En mars 1992, Pasqua l'a même fait élire au conseil régional d'Île-de-France à la place de l'un de ses fidèles, Jean-François Probst, qui ne lui a d'ailleurs pas pardonné. « Pasqua m'a expliqué qu'il ne pouvait pas faire autrement, témoigne Probst dans le livre *9-2, le clan du Président* (Fayard, 2008). Il m'a dit : "Schuller est un type remarquable et j'ai besoin de lui pour prendre Clichy." Ça a signé mon divorce avec lui. » « Je n'ai pas le même souvenir, rétorque Charles Pasqua. Probst, c'est un type intelligent, mais un peu mégalo. Il a toujours pensé qu'il pouvait avoir accès aux plus hautes fonctions, mais il était le seul à le penser ! »

Adoubé par le « parrain » des Hauts-de-Seine, Schuller va toutefois, dès le début du dîner, involontairement refroidir l'ambiance : « Je pose à Pasqua la question comme un con : "Charles, concernant la mort de Béré, j'ai entendu à la radio qu'ils n'avaient pas trouvé les douilles. C'est quand même bizarre…" Et il me répond, cassant : "Est-ce qu'on te demande l'heure qu'il est... ?" Je n'ai jamais oublié cette phrase. Je connais Pasqua par cœur. Cette réplique signifiait qu'il n'avait pas du tout envie de parler de ça, qu'il valait mieux changer de sujet de conservation, ce que j'ai fait immédiatement. Le sujet m'intéressait personnellement parce que Bérégovoy habitait Clichy. J'avais rencontré sa fille plusieurs fois, car j'étais très copain avec sa petite-fille. Au tout début, dans les semaines qui ont suivi la mort de son père, j'avais trouvé la fille extrêmement agressive à l'égard de Mitterrand. Ça reste une grande interrogation... J'ignore ce qu'il en est. Cependant, j'ai toujours eu en tête cette phrase de Pasqua m'intimant de m'intéresser à autre chose... » L'intéressé conteste : « Il n'y avait rien de suspect dans la mort de Bérégovoy, tranche l'ancien ministre. Schuller se trompe. D'ailleurs, je n'étais pas tellement intéressé par les dîners. Et si j'y allais, ce n'était pas pour livrer mes confidences. » L'œil goguenard, le dinosaure de la vie politique française (il a 86 ans), installé dans son petit bureau de Neuilly-sur-Seine, sous une photo du Général de Gaulle, ajoute : « Vous savez, de manière générale, je ne suis pas porté aux confidences, je suis profondément corse. Un proverbe insulaire dit : "Si une bouche est fermée, il ne rentre pas de mouche." Un autre dicton, breton celui-là, me plaît bien aussi : "Moins que tu parles, c'est encore de trop." »

Pour la nouvelle cohabitation qui s'annonce, Chirac, échaudé par l'expérience de 1986-1988, a donc laissé Matignon au « fidèle » Balladur. « Les deux hommes avaient passé un accord : c'est Balladur qui devait aller à Matignon. Donc c'est lui qui prenait tous les coups pour que Chirac se présente tranquillement à la présidentielle de 1995. À l'époque, entre Charles Pasqua, Nicolas Sarkozy, les Balkany ou Thierry Gaubert, je vis dans un milieu qui va constituer le premier cercle de Balladur. Alors que ce ne sont pas forcément mes idées personnelles ! Moi, entre les deux, je préfère plutôt Chirac. J'aime bien son côté radical. »

Au début, tout se passe bien entre les deux hommes, se rappelle Schuller. « C'était la grande fraternité, la grande amitié. Ça va commencer à tourner après l'été 1994, quand Balladur va se prendre au jeu en voyant monter les sondages en sa faveur. Mais pas avant. La meilleure preuve, c'est Méry qui me la donne, involontairement. »

Partenaire de chasse de Didier Schuller, le promoteur Jean-Claude Méry lui a été présenté en 1986 par le patron de l'Office public d'aménagement et de construction (OPAC), les HLM de Paris, Georges Pérol. « J'allais prendre mes fonctions de directeur général de l'office HLM des Hauts-de-Seine. Pérol, avec qui Balkany m'avait lui-même mis en relation, m'a permis de faire la connaissance de Méry au congrès des HLM de Cannes, au mois de juin 1986. Il m'avait dit : "C'est avec notre ami Méry que les problèmes politico-financiers sont organisés. Donc, s'il t'appelle un jour pour te recommander une entreprise, ne sois pas étonné." En clair, Pérol m'explique que c'est Méry qui ramène l'argent pour le parti. Dans ce congrès, je tombe ensuite sur l'entrepreneur Francis Poullain, que je connais personnellement parce qu'on est tous les deux membres du Racing, et qui me dit : "Ah, il paraît que c'est toi qui vas prendre l'office HLM des Hauts-de-Seine…" Ensuite, il venait me voir de temps en temps à mon bureau. Finalement, je n'ai jamais été en contact direct avec Méry, car c'était Poullain mon interlocuteur. »

Dans le petit monde du BTP en tout cas, nul n'ignore que Méry est en fait l'un des financiers occultes du RPR. « En août 1994, Méry est dans la merde. Extrêmement inquiet du développement des investigations du juge Éric Halphen sur des fausses factures concernant mon ami Francis Poullain – ce que l'on va bientôt appeler l'affaire des HLM de Paris. Poullain était devenu incontournable au RPR. Le summum, c'est quand il invite la moitié de Paris, avec Bernadette Chirac, Michel Giraud, Robert Pandraud, moi, voir Pavarotti faire son show à la tour Eiffel… C'était au début de l'été 1994. Il fait ensuite un dîner absolument somptueux. Et trois semaines plus tard, il est en prison… Ça va extrêmement vite ! » Francis Poullain a été condamné définitivement en janvier 2007 à quinze mois de prison avec sursis et 200 000 euros d'amende.

Depuis quelques mois, et les élections cantonales de mars 1994, Didier Schuller a encore grimpé une marche dans la hiérarchie du RPR. À la suite d'une campagne homérique, assez exemplaire en termes de clientélisme et de démagogie, et immortalisée par le film de Christophe Otzenberger, *La Conquête de Clichy* (1995), il a été élu au conseil général – et du coup a quitté ses fonctions à l'office HLM.

Schuller revient au fil de son récit : « L'enquête de Halphen risque de remonter jusqu'à Méry, qui me demande donc, via un ami commun, André Dalzon, de venir le voir à Port-Grimaud… Pourquoi Méry m'a-t-il choisi pour faire passer le message ? À cause de la franc-maçonnerie. Il sait que je suis copain avec Poullain. Moi, je suis dans le Sud pour l'anniversaire de Balkany – le 16 août exactement. La rivalité Chirac-Balladur n'est pas encore vraiment déclarée, puisque Méry me demande d'intervenir pour son dossier auprès du ministre de l'Intérieur, Charles Pasqua, et du ministre du Budget, Nicolas Sarkozy. Il craint que Poullain, placé en détention le 27 juillet 1994, ne finisse par parler, qu'il décrive le système de trucage généralisé des marchés publics en région parisienne et particulièrement à Paris. Ma compagne, Christel Delaval, assiste à l'entretien. Il me dit que le RPR doit étouffer son dossier, qu'il ne veut pas aller en prison comme Poullain : "Si jamais on m'abandonne, le premier qui saute, c'est Roussin, le deuxième, c'est Juppé, le troisième, c'est Chirac." Il me dit notamment qu'il a remis à Chirac, un jour de 1986, 5 millions de francs en espèces dans une valise. »

Soit exactement l'anecdote qui fera scandale six ans plus tard, en septembre 2000, lorsque *Le Monde* publiera la confession vidéo posthume de Méry, décédé entre-temps...

« En tout cas, insiste Schuller, dans la tête de Méry, un type qui connaissait parfaitement le monde politique, la césure entre Balladur et Chirac n'est pas encore entamée : sinon, il ne se serait pas adressé à moi, réputé du clan balladurien, pour faire passer un message aux chiraquiens. »

La justice a été mise sur la piste de Poullain (membre de la GLNF comme Schuller) et donc de Méry, via une dénonciation, dans le Val-de-Marne, des services fiscaux, alors tenus par un très prometteur ministre du Budget nommé Nicolas Sarkozy. Un hasard ?

« Je ne l'ai jamais su, avoue Didier Schuller. C'est vrai que Sarkozy, à l'époque, a quand même eu des problèmes avec la fille Chirac, Claude, donc il ne doit déjà plus être dans le premier cercle du "grand Jacques". De toute façon, même s'il ne l'a pas initié, la question reste de savoir pourquoi est-ce que Sarko a laissé prospérer le dossier Poullain ? Je sais que Poullain avait été voir Sarkozy dès 1993 pour qu'il intervienne dans son affaire fiscale, mais Sarko l'avait renvoyé vers son homme de confiance, Brice Hortefeux. C'est le fameux dossier que reprendra ensuite Halphen. Il est devenu pénal parce que la direction des impôts du Val-de-Marne, département dans lequel Poullain avait installé sa société, a porté plainte. Donc, au minimum, Sarkozy n'a pas donné d'instruction aux services fiscaux pour arrêter le truc.

Il aurait à l'évidence dû s'en occuper. Le dossier était chaud, tout de même. »

Depuis son départ de l'Élysée, Nicolas Sarkozy a choisi de garder le silence. Nous avons tenté de l'interroger sur les différentes affaires évoquées dans cet ouvrage. Son avocat, Me Thierry Herzog, a accepté au nom de son client, de nous répondre. S'agissant du dossier Poullain, Me Herzog assure que son client n'était pas à la manœuvre. Au contraire, selon lui, « M. Nicolas Sarkozy était accusé d'avoir diligenté un contrôle final contre M. Francis Poullain, contrôle qui a été jusqu'au bout, sans aucune intervention ».

Avec le recul, Didier Schuller hésite toujours entre « deux hypothèses pouvant expliquer la passivité de Sarkozy : ou bien parce que, dans les cabinets ministériels, les trucs qui sentent un peu la merde, on n'a pas tellement envie de s'en occuper, c'est ce qu'on appelle le "classement vertical" ; ou bien c'était volontaire. Dans ce cas, cela pourrait être le premier signe d'une volonté de Sarkozy, au service de Balladur, de nuire à Chirac. Mais honnêtement, Sarkozy et Hortefeux ne savaient pas forcément qui était Poullain exactement et ce qu'il y avait derrière. Ils n'étaient pas amenés à travailler avec lui. Poullain intervenait, pour le RPR, dans tous les appels d'offres de travaux publics dans la région parisienne, c'était l'un des chefs d'orchestre. Je ne vois pas comment Sarkozy aurait pu connaître le détail de tout ça dans l'exercice de ses fonctions de maire de Neuilly-sur-Seine, où il n'y a même pas d'office HLM… ».

Toutefois, à l'époque, Poullain n'est pas tout à fait inconnu des caciques du RPR. Ancien gardien de la paix, il fut dans les années 1960 très proche du pouvoir gaulliste, au point que les médias le présenteront régulièrement, lors de la révélation de son implication dans l'affaire des HLM de Paris, comme un ancien « gorille » au service du ministre de la Culture André Malraux. « Je n'ai pas exercé de fonctions de garde du corps, ni auprès du général de Gaulle, ni auprès d'André Malraux, ces informations parues dans la presse sont totalement fantaisistes, protestera-t-il devant le juge Halphen, en octobre 1994. Je n'ai jamais non plus fait partie du SAC », tiendra-t-il à ajouter spontanément. Ce qui est avéré, en revanche, c'est que ce membre discret des réseaux gaullistes, après un bref passage par le secteur bancaire, créa en 1972 la société d'application et de revêtement (SAR), à Alfortville (Val-de-Marne). Riche idée : sa petite entreprise va dégager immédiatement d'importants bénéfices. L'âge d'or vint avec les années 1980, la SAR bénéficiant alors, grâce à son ami Jean-Claude Méry, de nombreux et juteux contrats de la mairie de Paris, conquise par Chirac en 1977, puis de l'office HLM des Hauts-de-Seine dès sa prise en main par le RPR en 1986. Un rapport d'expertise commandé par les juges soulignera, en décembre 1998, la « rentabilité exceptionnelle » de la SAR, grâce à ses « principaux clients, l'OPDHLM 92 et l'OPAC [l'office HLM de la Ville de Paris] ». Devenu incontournable dans la galaxie RPR, figure caricaturale de la franc-maçonnerie d'« affaires », Poullain comptera rapidement parmi les habitués de la chasse de Schuller, en Alsace. Poullain achète surtout de nombreux encarts publicitaires dans le journal électoral de Schuller, au tarif exorbitant de 100 000 francs la page... « C'était une bonne manière de faire connaître l'entreprise dans les instances de directions du département du 92 où était diffusé le journal et en même temps d'aider M. Schuller pour débouter de Clichy le maire socialo-communiste, et ceci sans rapport avec nos relations avec l'OPDHLM 92 », plaidera Poullain devant les juges en novembre 2003.

La SAR, grâce aux énormes marchés publics qui lui sont concédés, dispose alors de moyens colossaux, dont elle fait profiter ses bienheureux clients, ainsi que l'a démontré l'enquête judiciaire : séjours à l'île Maurice ou à Salzbourg, voyages de chasse en Bulgarie, achats chez Fauchon ou Lenôtre, invitations à des grands matchs de football ou de rugby, cadeaux divers (champagne Moët Hennessy, fleurs rares...). Poullain se paie même le luxe de sponsoriser, en 1991, dans le cadre d'un raid baptisé le Trophée des gazelles, l'équipe de l'OCRTIS, l'Office central pour la répression du trafic illicite de stupéfiants, l'un des plus prestigieux services de police de France ! Dans son carnet d'adresses, les policiers trouvent du beau monde : de l'homme d'affaires Charly Chaker à l'ancien ministre Jean-Marie Bockel en passant par le président (RPR) du conseil régional Michel Giraud, le ministre de la Coopération Michel Roussin, le très chiraquien préfet de police Philippe Massoni, et même Michel Reyt, célèbre faux facturier du Parti socialiste – il a été condamné définitivement pour ces faits en mars 2002 à deux ans de prison avec sursis et 15 000 euros d'amende...

Retour à ce mois d'août 1994. Schuller rapporte sa conversation avec Jean-Claude Méry à Patrick Balkany. « Avec Patrick, on décide de téléphoner immédiatement à Pasqua pour le prévenir. Pasqua répond à Balkany : "Je ne peux rien faire là-dedans, ce n'est pas mon secteur, ça dépend du Budget. Il faut en parler à Sarkozy." Puis, devant moi, Balkany appelle Sarkozy. Et Sarko lui dit : "C'est trop tard, je ne peux plus rien faire malheureusement, la justice est saisie." Certes, ni Pasqua ni Sarkozy n'ont bougé le petit doigt, mais ni l'un ni l'autre n'ont dit non plus : "Chouette, ça va faire chier Chirac." Le but, c'est quand même de sauver le soldat Roussin, mais également Juppé. Il y a encore une apparente solidarité familiale de clan. Ensuite, les deux camps vont se haïr. Et toute l'affaire Halphen va être manipulée par Chirac pour tuer Balladur. Et Balladur va exploser en vol là-dessus. Là encore, Charles Pasqua assure n'avoir été informé de rien. « Je crois que M. Schuller se donne trop d'importance, dit-il. Cependant, là où je suis d'accord avec lui, c'est que même si j'avais voulu intervenir, qu'aurais-je pu faire ? »

« Moi, se souvient encore Schuller, quand je vais chez Balkany après que Méry m'a fait son numéro, je suis quand même un peu affolé. Le soir, Balkany et moi dînons avec Roussin, en plus. Donc je lui raconte. Je lui dis qu'il est le premier qui va sauter. Il fait une drôle de gueule. Il ne dit rien. Et personne n'a bougé. Visiblement, personne ne voulait sauver Roussin. »

En fait, la véritable rupture entre Balladur et Chirac n'interviendra qu'en fin d'année, « vers novembre 1994 », estime Didier Schuller. « Ça va me conduire à constituer deux comités de soutien à la présidentielle dans ma permanence ! À Clichy, les gens étaient davantage pour Chirac. Alors qu'à Levallois, ils étaient plus Balladur. Honnêtement, moi, j'étais plutôt chiraquien. Si, à ce moment-là, j'avais dû voter, j'aurais voté Chirac. Mais, dans les Hauts-de-Seine, entre Pasqua, Sarkozy et Balkany, on n'avait pas le choix : c'était Balladur. »

XIV

« Sarkozy a agi
sur instruction de l'équipe corse
pour autoriser le marché
du chauffage des collèges. »

À cette époque, Didier Schuller fréquente « un peu » Nicolas Sarkozy, « rencontré pour la première fois lors d'un dîner chez Patrick Balkany ». « Ce devait être au tout début des années 1980, il n'était alors pas encore maire de Neuilly. Lorsque j'ai fait sa connaissance, il était avec Marie-Dominique Culioli. Elle était très sympa. Une femme ni coincée ni bling-bling. Une fille bien. Elle était peut-être trop bien. Sarkozy, continue Schuller, on ne peut pas dire que ce ne soit pas un mec de coups tordus, quand on voit comment il a piégé Pasqua pour prendre la mairie de Neuilly en 1983 ! Mais il a un côté assez direct, et je trouve ça plutôt loyal, droit. C'est le genre de type qui dit : "Écoute, coco, j'ai l'intention de me présenter à la présidentielle. Est-ce que tu seras avec moi ?" Ça, il me l'a dit dès la fin de l'année 1986. Quand j'ai été nommé patron de l'office HLM des Hauts-de-Seine, j'ai évidemment rendu visite à tous les maires des villes dans lesquelles on avait des logements. Il se trouve que, à Neuilly, les seuls logements HLM de la ville étaient gérés par l'office départemental. Sarko, je le connaissais donc déjà un peu puisqu'il était très proche de Balkany. Alors, on a discuté. Il m'a dit deux choses : "En ce qui concerne les HLM, bien évidemment, je n'accepterai aucune attribution à Neuilly sans mon aval." Concrètement, cela signifiait que c'est lui qui voulait choisir, si jamais un appartement se libérait, qui il mettrait dedans. Au moins, c'était clair ! Et seconde chose : "J'ai le sentiment que tu vas te mettre un jour à faire de la politique dans les Hauts-de-Seine. Moi, j'ai l'intention d'aller jusqu'au bout de mon ambition, et mon ambition est d'être président de la République." Il me dit ça comme ça, en décembre 1986. Et il ajoute : "Donc ça m'intéresserait que tu me dises si tu seras avec moi ou contre moi." Il affirme tout ça avec un tel aplomb que je me dis : "Sait-on jamais ?" Et, en fonction du "Sait-on jamais ?", je lui réponds : "Pas de souci, je te soutiendrai." J'étais franchement surpris, je me disais : quand même, il est maire de Neuilly, c'est le contraire d'un vrai élu du suffrage universel ! De ce point de vue, son parcours est admirable. »

Didier Schuller n'a jamais oublié cette discussion. À l'époque, Nicolas Sarkozy tient ce type de discours avec chaque interlocuteur susceptible, un jour, de lui être utile.

« Ce rendez-vous eut lieu dans son bureau. Il y avait un long canapé, un peu comme dans les salons bourgeois. Il ne m'a pas reçu assis à son bureau et moi en face. Non, on s'est installés tous les deux sur le canapé, c'était très convivial. Ce jour-là, je dois dire qu'il m'a impressionné, quand même. Je me suis dit : "Le malheureux, il est maire de Neuilly, même s'il est député, ce n'est pas comme ça qu'il va accéder au poste suprême." Eh bien, si ! C'est peut-être d'ailleurs le fond du problème… »

Didier Schuller revient sur le sujet sensible des attributions de logements, dont Nicolas Sarkozy ne voulait laisser à personne d'autre la gestion dans sa commune. « Les HLM de Neuilly, c'étaient des appartements très luxueux, pas plus de deux cents dans mon souvenir, les gens se battaient pour en avoir un. Et donc Sarko décidait de chaque attribution, ce qui n'était pas vraiment légal, évidemment ! On avait un chef du service logement de l'Office, une femme, qui avait des instructions : aucune attribution n'était possible à Neuilly sans que Nicolas Sarkozy, ou son conseiller Brice Hortefeux, ne soit consulté avant. Il n'était même pas envisageable de mettre quelqu'un sans l'avis du maire de Neuilly. » Brice Hortefeux s'inscrit en faux : « Il est inexact d'affirmer que Nicolas Sarkozy ou moi décidions des attributions de logements HLM à Neuilly. Il y avait à la mairie de Neuilly un adjoint, Philippe Grange, décédé depuis, qui s'occupait de tous les problèmes de logements. Je peux vous dire que cet homme, un gaulliste à l'ancienne, était la rigueur même. Avec lui, il n'y avait aucun passe-droit. Les critères d'attribution étaient très stricts, et Nicolas Sarkozy lui déléguait toute sa confiance. Bien sûr, concède toutefois M. Hortefeux, en tant que maire, Nicolas Sarkozy pouvait parfois demander quelque chose, c'est bien normal… » Sur ce dernier point, Nicolas Sarkozy ne semble pas sur la même longueur d'ondes que son vieil ami : « Il y avait une commission d'attribution… » indique Me Herzog.

Selon Schuller, « Sarkozy était le seul maire, dans les Hauts-de-Seine, devant qui Balkany se couchait. Balkany ne voulait pas prendre Sarkozy de front. Il avait peur. Il respectait Sarkozy. Si Pasqua avait été maire, ç'aurait sans doute été la même chose, d'ailleurs. Alors que, par exemple, Paul Graziani, qui était pourtant président du conseil général, on ne lui a jamais demandé son avis pour attribuer des logements dans la ville dont il était maire, Boulogne-sur-Seine, et où l'Office gérait pas mal d'appartements ! Comment j'explique que Balkany ait pu être si craintif alors que Sarkozy n'était pas encore connu ? Premièrement, ils sont très amis, leurs origines hongroises communes les ont rapprochés, donc il y avait tout bêtement chez Balkany la volonté de ne pas faire d'entourloupe à son pote. Deuxièmement, parce que je pense que, comme Balkany est un garçon qui a beaucoup d'instinct, il avait flairé chez Sarko la bête politique, le type qui irait loin ».

À partir de 1986, Schuller et Sarkozy ont de plus en plus d'occasions de se croiser. « Je le rencontre d'abord parce qu'il est conseiller général. Ensuite, je l'ai vu assez souvent parce que je suis vraiment entré en politique. Je suis devenu suppléant de Patrick aux élections législatives de 1988, et je suis entré au comité directeur du RPR des Hauts-de-Seine. Et après, j'ai été membre du conseil national du RPR. Évidemment, là, je le voyais. On se retrouvait à prendre des verres, à des bouffes... Mais pour autant, on n'a jamais été vraiment intimes. Le maximum d'intimité qu'on a pu avoir, c'était chez les Balkany, à la campagne. »

Ça rigole, ça parle politique, femmes, et encore politique. Les « Pasqua boys » écument les meilleures tables de Paris, rivalisent en notes de frais astronomiques, les bouteilles de vins fins valsent, les mets les plus délicats sont dégustés avec voracité. L'odeur du pouvoir décuple l'appétit, aiguise les sens. Il faut imaginer cette assemblée, la quarantaine triomphante, Havane cubains à la bouche. Prête à croquer le monde.

Les couples Schuller, Balkany et Sarkozy (en ménage avec Cécilia) s'offrent quelques week-ends mémorables. Les six comparses passent du sauna au jacuzzi, le champagne est d'excellente qualité – même si Nicolas Sarkozy n'y goûte pas. Les trois hommes sont si proches qu'un jour, sous la douche, ils en viennent, comme des ados en colo, à évaluer leurs attributs respectifs ! « Ces moments de détente, c'est quand Sarko était ministre du Budget, de la mi-1993 à mon départ, début 1995, confie Schuller.

Je me souviens aussi d'un week-end à La Baule, dans le somptueux hôtel Hermitage. Il y avait aussi trois couples : Christel et moi, Thierry Gaubert et Diane Barrière, Cécilia et Nicolas Sarkozy. C'était début 1995, juste avant ma fuite... Avec Sarko, on était quand même assez copains. Il faisait un peu la cour à Christel, mais bon, tous les politiques sont des coureurs ! Cécilia, c'était une femme d'autorité, une femme de tête. Elle avait un petit côté "mère Fouettard". Je me souviens, Sarko ne buvait jamais d'alcool, et pourtant, chez les Balkany, ça picole ! Mais sa folie à lui, c'était le chocolat, et "mémère" l'emmerdait avec ça ! Une chose est sûre : le côté bling-bling de Sarkozy vient de Cécilia. À l'époque, il ne l'est pas encore trop, mais elle l'est pour deux. Sarkozy, au départ, franchement, n'était pas un mec trop intéressé par le pognon. Il le devient pour Cécilia, qui a dû prendre des habitudes à l'époque où elle vivait avec Jacques Martin. Honnêtement, s'il était resté avec elle, ça aurait mal fini. Je suis sûr que l'augmentation du salaire du président de la République, dès qu'il est arrivé à l'Élysée, c'était pour elle. »

Selon Didier Schuller, même si Sarkozy « est monté très vite, il est resté assez simple. Je l'ai fait venir à Clichy au début de l'année 1994, juste après la sortie, en février, de son bouquin sur Georges Mandel [*Georges Mandel, le moine de la politique*, Grasset]. J'avais organisé une grande réception, j'avais invité la communauté juive de la ville et de la circonscription. Il est venu. Il a signé son livre. On a même dédicacé un exemplaire à trois, Balkany, Sarko et moi, pour une jeune femme. Il a passé deux heures avec moi. Il était vraiment très agréable. Il n'avait pas la grosse tête ».

Celui qui vient d'accéder au rang de ministre du Budget et de porte-parole du gouvernement Balladur est alors aux petits soins pour son ami Schuller. Dès le 27 mai 1993, installé à Bercy depuis quelques semaines seulement, Nicolas Sarkozy intervient en faveur du conseiller général auprès du ministre chargé de l'Équipement, des Transports et du Tourisme, le centriste Bernard Bosson. Sur papier à en-tête du ministère du Budget, Sarkozy attire « la bienveillante attention » de son collègue « sur la situation de M. Didier Schuller, actuellement placé en détachement depuis septembre 1986 en qualité de directeur général de l'office public départemental des HLM des Hauts-de-Seine ». « L'intéressé, né en 1947, précise Sarkozy, est actuellement administrateur civil hors classe du ministère de l'Équipement, et ce depuis 1985. Il souhaiterait être prochainement nommé inspecteur général de l'Équipement, ce qui serait en parfaite conformité avec les conditions d'âge et d'ancienneté requises. Je vous serais particulièrement reconnaissant s'il était donc envisageable de faire examiner cette possibilité avec intérêt », conclut Nicolas Sarkozy. Las, malgré ce « piston » de poids – d'autant que Patrick Balkany et Charles Pasqua y vont aussi de leur courrier –, et malgré une nouvelle relance de Nicolas Sarkozy, Bernard Bosson refuse d'accorder cette promotion à Schuller. Le 12 avril 1994, il le signifie clairement au patron de Bercy, en des termes qui dissimulent mal son agacement : « Cher Monsieur le Ministre et cher ami, écrit Bernard Bosson. Vous avez bien voulu appeler à nouveau mon attention sur la situation de M. Didier Schuller, administrateur civil hors classe, qui souhaiterait être nommé inspecteur général de l'Équipement. Comme je vous l'avais indiqué dans mon premier courrier, votre correspondant remplit effectivement les conditions statutaires. Cependant, une telle perspective doit s'apprécier au regard des règles de gestion qui président à ces nominations [...]. Ainsi, les inspecteurs généraux de l'Équipement, au moment de leur nomination, sont tous âgés d'au moins 50 ans et ont occupé, après un parcours varié, des emplois fonctionnels au moins de sous-directeur, mais le plus souvent de chef de service au sein du ministère de l'Équipement. Il ne m'est pas possible de réserver dans l'immédiat une suite favorable à cette demande », conclut le ministre. Un camouflet, pour Sarkozy comme pour Schuller...

On le voit en tout cas, les deux hommes, pourtant très différents, s'apprécient réellement, s'accordent bien. Curieusement, Nicolas Sarkozy paraît avoir oublié cette proximité. Par l'intermédiaire de Me Herzog, il assure n'avoir « jamais été proche de M. Didier Schuller ». Politiquement, seul le débat sur la construction européenne va les séparer, peu de temps au demeurant, en 1992. « L'unique moment où il y a eu une espèce de rupture, c'est lors du référendum sur le traité de Maastricht, confirme Schuller. Parce que Sarkozy était pour le "oui" alors que la plupart d'entre nous, dans les Hauts-de-Seine, non seulement nous étions contre, mais j'ai moi-même largement participé au financement de l'état-major du "non", représenté par Charles Pasqua, Philippe Séguin et Philippe de Villiers. On avait loué un hôtel particulier, près des Champs-Élysées, rue François-Ier. Le mobilier avait été acheté par une société que je connaissais. C'étaient les entreprises contribuant aux campagnes électorales habituelles qui finançaient tout ça en sous-main. Il y avait la société de Francis Poullain et toutes les boîtes qui bossaient pour le conseil général des Hauts-de-Seine et l'office départemental HLM. On s'était partagé le boulot entre Pierre-Henri Paillet, le patron de la SEM 92, et moi. L'Office et la SEM étaient aussi mobilisés. Cela signifie bien que les structures du RPR des Hauts-de-Seine, chapeautées par Pasqua, étaient contre Maastricht. Mais pas Sarkozy. »

Cet épisode a été confirmé devant les juges en octobre 2003 par Patrick Breysse, ancien cadre de l'Office : « J'ai été contacté par Didier Schuller avant les élections de Maastricht, a-t-il raconté. Schuller était dans le bureau de Balkany à la mairie de Levallois [...]. Balkany m'a expliqué qu'il avait besoin d'un homme de confiance pour suivre des travaux dans un local [...]. Balkany m'a demandé si je voulais le faire et je n'avais pas le choix ; de toute façon, avec lui, on n'a pas le choix sinon on dégage. » Le maire de Levallois-Perret conduit alors Breysse au 1, rue François-Ier, pour lui faire visiter un local de 500 m². « Il m'a expliqué ce qu'il souhaitait : des travaux de peinture, de revêtements de sols, une mise aux normes d'une armoire électrique. J'ai appris que l'entreprise qui intervenait pour la rénovation était la SAR, de M. Poullain. Il y avait un grand salon, un grand hall d'entrée avec l'accueil et deux bureaux ; on m'a demandé de soigner particulièrement ces bureaux. J'ai vu par la suite à la télévision que la rotonde servait aux conférences de presse, les bureaux étaient pour Pasqua et Séguin. Avant la fin des travaux, j'ai vu, en faisant fixer une enseigne lumineuse, qu'il s'agissait de l'association Demain la France présidée par Charles Pasqua. » « Je n'étais pas du tout au courant de cela, avoue aujourd'hui Charles Pasqua. Je ne m'occupais pas de ces problèmes, mais il me semblait que l'on avait assez de moyens pour ne pas en passer par là. »

Retour au cas Sarkozy. Dans le souvenir de Schuller, à cette époque, le jeune maire de Neuilly-sur-Seine est plutôt tenu à l'écart des financements suspects de son parti. « Le seul truc, assure-t-il, c'est une histoire de contrat pour le chauffage des établissements scolaires. Sarkozy a agi sur instruction de l'équipe corse pour autoriser ce marché. C'était en 1987, lors de l'attribution de tous les contrats de chauffage pour les collèges des Hauts-de-Seine. Paul Graziani était président du conseil général, mais c'est Nicolas Sarkozy, l'un des vice-présidents, qui était chargé de ce genre de marchés, car il avait la délégation de l'Éducation dans son portefeuille. L'entreprise qui a hérité du contrat était la boîte d'Henri Antona, Tecni SA. Henri Antona, un Corse, était proche de Paul Graziani et de Charles Pasqua. » D'après Me Herzog « M. Nicolas Sarkozy était à l'époque jeune conseiller général en charge de la culture, il n'a donc jamais eu à connaître de ce contrat ». Vérification faite, M. Sarkozy était à l'époque 9e vice-président en matière culturelle et d'enseignement.

Maire de la charmante petite commune de Coti-Chiavari, au sud d'Ajaccio, Henri Antona est l'un des membres du très influent « clan des Corses » des Hauts-de-Seine. Dans l'ouvrage *9-2, le clan du Président*, les journalistes Hélène Constanty et Pierre-Yves Lautrou rappellent que ce chef d'entreprise, réputé peu loquace, « a beaucoup aidé ses amis du RPR des Hauts-de-Seine. C'est lui qui, pendant des années, a payé la secrétaire de Jean-Claude Méry, grand manitou du financement occulte du RPR, ce qui lui a valu d'être condamné pour abus de biens sociaux, en juin 2006, à six mois de prison avec sursis et 10 000 euros d'amende. Il n'a pas fait appel ». La secrétaire de direction de la société Mercier, gérée en sous-main par les Antona père et fils, a révélé aux juges en octobre 1996 que « les dés étaient pipés en ce qui concerne l'attribution des marchés publics restreints attribués par l'OPDHLM 92 à la société Mercier ». Elle évoquera l'existence d'une « caisse noire » et d'un « système d'enveloppes » en liquide, d'un montant variant « entre 10 000 et 50 000 francs », dont elle s'occupait personnellement. « Je ne peux vous préciser toutes les personnes qui ont pu être destinataires des enveloppes, ajouta-t-elle. Toutefois, je peux vous dire que la directrice de l'OPHLM de Montrouge, les directeurs de l'OPCHLM de Versailles et de la Régie immobilière de la ville de Paris (RIVP) sont les personnes qui ont été destinataires de telles enveloppes. » Dès janvier 1995, un mystérieux correspondant, apparemment bien renseigné, avait indiqué par téléphone au juge Halphen que « Tecni avait obtenu tous les marchés concernant les lycées et les collèges du département des Hauts-de-Seine ». L'inconnu avait précisé qu'il souhaitait conserver l'anonymat car il ne tenait pas à se « retrouver dans la Seine ».

« Le marché du chauffage, c'était un contrat énorme, précise Schuller. Tout le chauffage, la fourniture de carburant pendant quinze ans pour quatre-vingts collèges… Il n'y avait pas de raisons valables qu'une entreprise moyenne comme Tecni obtienne un marché pareil. Je me rappelle très bien de cette histoire. D'autant plus que j'étais au conseil général, en tant que directeur de l'Office, quand Sarkozy a fait son rapport. Je ne dis pas qu'il y a eu une magouille, je dis que, au minimum, c'est une entreprise familiale qui a été choisie ! Mais, à l'Office comme au parti, personne évidemment ne disait officiellement : "C'est bien, grâce à ce contrat, on va ramasser 100 millions." Quand l'Office traitait avec Bouygues ou avec la SAE tel ou tel type de marchés, je n'allais pas dire : "Tiens, ça va faire tant pour le RPR." Et je suis convaincu que si Sarkozy a validé ce marché des chauffages, il n'a rien pris à titre personnel. Mais ce n'est pas exactement quelqu'un de naïf ! » Henri Antona, sollicité en septembre 2013, nous a fait savoir qu'il ne voulait « pas revenir sur le passé ».

En cet automne 1994, à droite, les bourrasques politiques deviennent brutales, renversantes. Chacun est sommé de choisir son camp. Le « clan des Hauts-de-Seine », Sarkozy en tête, encore traumatisé par l'humiliante défaite de Chirac en 1988, mise sur Balladur.

« Ce qui m'a beaucoup marqué, c'est une déclaration de Balkany, comparant Chirac et Giscard à Plic et Ploc, disant qu'il fallait du sang neuf, c'est-à-dire Balladur. C'est important car, du coup, à mon corps défendant, je me suis retrouvé scotché dans le clan balladurien, qu'avait aussi rallié Sarko. Parce que, à l'époque, même si je ne connaissais pas Chirac, je trouvais qu'il y avait autour de Balladur toute cette droite néo-giscardienne qui n'est pas mon potage. Donc je me retrouve étiqueté. Chirac a très mal pris tout ça. D'autant que les Balkany étaient quand même assez proches de lui... Ils avaient passé huit ou dix jours ensemble, pendant l'hiver 1993-1994, aux Antilles. Ils étaient intimes. Un soir où je dînais chez les Balkany, Isabelle m'avait parlé par exemple des cadeaux qu'elle allait offrir à Bernadette Chirac. Le sentiment de trahison n'en a été que plus fort chez Chirac. »

À ce sujet, Patrick Devedjian relate une anecdote assez révélatrice : « Patrick Balkany avait pris l'habitude d'offrir des chocolats à la secrétaire de Jacques

Chirac, confie le maire d'Antony. Elle lui faisait des confidences et il parvenait à savoir où Chirac passait ses vacances. Et ensuite, il se rendait au même endroit ! Chirac s'est à plusieurs reprises étonné de tomber sur lui, il pensait à des coïncidences alors que cela témoignait de l'entrisme propre aux Balkany. C'est pour cela que je suis persuadé qu'il y a eu des remises d'argent à Chirac. Simplement, ce n'était pas à la demande du maire de Paris, mais à l'initiative de Balkany, pour se faire valoir... »

XV

« À Londres, Djouhri m'assure que le clan Pasqua a décidé de me faire subir un mauvais sort. »

La fin de l'année 1994, c'est d'abord, pour Didier Schuller, un appel téléphonique qui va bouleverser son destin. Ce coup de fil, un soir d'octobre, du Dr Jean-Pierre Maréchal, le psychiatre qui soigne sa mère, il est alors loin d'en mesurer les conséquences...

L'histoire est connue, elle est même entrée au panthéon des scandales de la Ve République. Didier Schuller l'a largement relatée en 2002 dans son livre *Je reviens*. Il y explique, avec force détails, comment le médecin lui annonce être le beau-père du juge de Créteil Éric Halphen, en charge de l'affaire des HLM de Paris, et, en bon militant RPR, qu'il souhaite freiner les investigations de son gendre, à condition de toucher une récompense, un « biscuit » dit-il, c'est-à-dire 1 million de francs. Décontenancé, Schuller en réfère au clan des balladuriens, Pasqua (ministre de l'Intérieur) en tête, qui, après plusieurs relances du Dr Maréchal et de nombreuses tergiversations, décide de tendre un piège à ce dernier.

Malgré des écoutes téléphoniques accablantes et l'arrestation en décembre 1994 du médecin en « flag » à Roissy, alors que Schuller, à la demande des policiers, vient de lui remettre 1 million de francs en liquide, l'affaire, tel un boomerang, va se retourner contre les balladuriens, accusés d'avoir ourdi une manipulation destinée à nuire au juge Halphen. La procédure contre Maréchal pour « tentative d'extorsion de fonds et trafic d'influence », initiée suite à la plainte de Schuller, sera même annulée. Quant au juge Halphen, il sera autorisé à poursuivre son enquête, mais devra se dessaisir du volet Hauts-de-Seine, confié à deux de ses collègues du tribunal de Créteil, Philippe Vandingenen et Serge Portelli.

« Avec le recul, il est bien évident que je n'aurais jamais dû porter plainte contre Maréchal, estime aujourd'hui Didier Schuller. J'aurais dû en rester au raisonnement initial de Pasqua et Balladur, qui était : "N'entrons pas dans une histoire comme ça." Quand je pense que la justice a blanchi Maréchal en expliquant que je l'avais "provoqué"... Ça, je ne le digère pas ! J'ai pris un an ferme et deux ans avec sursis dans l'affaire des HLM. Et Maréchal, lui, n'a rien eu ! Je trouve ça honteux... C'est lui qui est venu me chercher, je n'ai rien demandé. En France, quand on parle de justice pour tous, c'est bien gentil. Mais lorsque tu es le beau-père d'un magistrat, tu as quand même le droit de racketter les gens. »

Près de vingt ans après les faits, Didier Schuller ne décolère toujours pas. Il a eu le temps de ruminer sa vengeance contre tous ceux qui l'ont manipulé, afin, pense-t-il, de le transformer en bouc émissaire idéal.

Alors, il raconte ce qu'il avait préféré taire dans son ouvrage, notamment certains détails sur les conditions dans lesquelles il fut conduit à quitter la France en catastrophe, au mois de février 1995.

Le 2 février, il sent que ses affaires prennent une mauvaise tournure, après avoir appris l'arrestation sur le parking d'un hôtel de Nogent-sur-Marne, la veille, de l'un de ses proches, Jean-Paul Schimpf. L'homme d'affaires, dénoncé par un mystérieux correspondant anonyme manifestement très bien informé, a été arrêté la main dans le sac, au sens propre du terme, alors que Françoise Montfort, patronne d'une société d'assainissement, est venue lui remettre une enveloppe contenant 46 500 francs en liquide, en rétribution des marchés obtenus auprès de l'office HLM des Hauts-de-Seine. Le « flag » parfait. « On m'avait présenté la chose comme une possibilité d'alimentation d'un parti politique, je présume celui représenté par M. Schuller », avoue Mme Montfort à la PJ, quelques heures après son arrestation.

« Très peu de gens étaient au courant de cette remise de fonds. Je suis certain que Schimpf a été balancé par un membre important du RPR », estime aujourd'hui Schuller.

Une semaine plus tard, Didier Schuller est dans le cabinet de son conseil, l'expérimenté François Gibault, afin de faire le point sur sa situation, lorsque son portable sonne. Au bout du fil, son autre avocat, Francis Szpiner, « un ami de vingt ans dont j'ignorais alors qu'il était passé dans le camp chiraquien ».

Au téléphone, Szpiner se montre pressant, d'après Schuller. « Il me dit : "J'ai des infos. Il va y avoir une descente de police, peut-être dès cet après-midi, au plus tard demain matin. Christel et toi allez être arrêtés. Prends du champ, il faut qu'on réfléchisse." Il ne me dit pas qui lui a donné ces informations. Le soir même, soit le 10 février, je pars à Genève. Avant, je passe quand même quelques coups de fil. J'appelle Balkany, qui téléphone à Pasqua. Balkany me rappelle en me disant : "Mais non, Pasqua n'est pas au courant que tu vas être arrêté. T'es plus malin que le ministre de l'Intérieur !" En tout cas, je fais une confiance aveugle à Szpiner. Mon avocat officiel est Gibault, choisi par Szpiner, mais c'est Szpiner qui est à la manœuvre, je lui raconte tout. C'est le premier à qui j'ai parlé de l'affaire après Balkany et Pasqua. "Va à Genève et je te rejoins demain ou après-demain", me dit-il, alors que François Gibault, lui, m'avait conseillé de rester. »

Quelques jours plus tôt, Me Gibault avait pourtant été prévenu par le juge Éric Halphen en personne de l'existence de sérieuses « menaces » visant son client.

Parti en catastrophe à Genève, Schuller prend d'abord ses quartiers à l'hôtel Le Richemond, un cinq-étoiles où il a ses habitudes. C'est dans cette ville que réside et travaille le gestionnaire de la fortune familiale, Jacques Heyer, dans la villa duquel il va aussi passer quelques nuits. On reparlera de cet homme d'« affaires ».

« Pour organiser mon exfiltration, il va y avoir toute une équipe mobilisée, témoigne Schuller : Francis Szpiner bien sûr, mais aussi Jacques Heyer, un avocat suisse, Me Dominique Warluzel, et l'associé de Szpiner, Thierry Herzog, toujours conseil aujourd'hui de Nicolas Sarkozy. » Le nom de Me Herzog n'était jusqu'ici jamais apparu dans le processus d'« exfiltration » de Didier Schuller. « Herzog était devenu l'avocat de Schimpf, à la demande de Szpiner, rappelle Schuller. Mais je ne le connais pas du tout à l'époque, je ne sais même pas que c'est un ami d'enfance de Sarko. Pour moi, c'est seulement le meilleur copain de Szpiner. » Me Herzog s'est effectivement rendu à Genève, où il a retrouvé son collègue Francis Szpiner. Pour une raison toute simple : il défendait bien alors l'homme d'affaires Jean-Paul Schimpf, qui avait des intérêts en Suisse. Didier Schuller se trouvait à Genève lui aussi, sur le point de s'exiler. Mais Me Herzog assure n'avoir jamais joué aucun rôle dans l'exfiltration de Schuller.

Quant à Me Dominique Warluzel, il nous a fait dire par l'intermédiaire de son assistante, qu'il n'avait « pas de disponibilité dans [s]on agenda » pour nous répondre. Me Szpiner, dont il va être longuement question dans ces pages, il a indiqué aux auteurs qu'il était contraint au secret professionnel. Cela étant, nous avons pu confirmer nombre d'éléments avancés par Schuller. C'est bien Mᵉ Szpiner, prévenu par un proche de Pasqua, alors ministre de l'Intérieur, qui lui indique, en effet, que l'arrestation de Chistel Delaval est imminente. L'avocat retrouve ensuite son client en Suisse.

À Genève, selon Schuller, Szpiner lui dit : « Il faut que tu te tires. » Le message semble sans ambiguïté. « En gros, Szpiner me fait comprendre que je suis lâché, soupire-t-il. Alors, je suis parti en urgence avec Christel. Les enfants sont toujours à Clichy, avec une nurse. Ils vont nous rejoindre quelques jours plus tard à Londres. Quand je file à Genève, je me dis : "Je pars huit jours, le temps que ça se calme." Je ne me considère pas en fuite. »

De fait, Didier Schuller reste une petite semaine en Suisse. Pendant ce temps-là, les policiers conduisent une nouvelle perquisition dans ses locaux, à Clichy. Il commence à s'inquiéter. « J'essaie de joindre quelques amis. Effectivement, comme me l'avait dit Szpiner, il n'y a plus personne ! »

L'avocat revient le voir sur les bords du lac Léman, avec un homme d'affaires aussi discret qu'influent, dont Schuller s'était jusqu'alors refusé à donner le nom, un certain Alexandre Djouhri, bien connu aujourd'hui, un intrigant intermédiaire, à la fois proche de Dominique de Villepin et Claude Guéant.

« Djouhri m'a été présenté comme un chef d'antenne de la DGSE, les services secrets français, en Afrique. Je l'ai cru. Szpiner me dit : "C'est mon ami depuis très longtemps. Il est venu spécialement pour toi. Il vient d'arriver d'Afrique parce qu'il a des informations." Szpiner me l'amène à Genève pour me persuader que non seulement Pasqua m'a lâché, mais que certains aimeraient bien aussi qu'il m'arrive un accident. C'est Djouhri qui me dit ça, il m'assure qu'il a eu des informations précises, que l'entourage de Pasqua a décidé de me faire subir un mauvais sort, que si je ne pars pas, ça pourrait mal finir. Il m'a clairement dit que j'étais l'objet de menaces de mort. » Vérifications effectuées auprès de plusieurs sources, Alexandre Djouhri a bien dîné, ce fameux soir, avec Szpiner et Schuller. Même si Alexandre Djouhri, par la voix de son avocat, Me Pierre Cornut-Gentille, dément formellement. « Il ignore tout des faits que vous évoquez », assure Me Cornut-Gentille. « Je ne sais pas ce que Szpiner a raconté à Schuller, mais je ne lui ai jamais fait passer de messages menaçants », s'exclame de son côté Charles Pasqua. « Ce qui est clair, c'est que Schuller avait eu beaucoup de pression pour partir. Toute l'équipe Chirac avait peur qu'il se mette à table. Moi, je considère qu'il a eu tort de partir. S'il était resté, il aurait été maire de Clichy. Mais il a pris peur. N'oublions pas ses origines juives, il y a je crois, au fond de lui, du fait de son histoire familiale, la crainte d'être arrêté. D'ailleurs, il m'avait confié un jour qu'il avait une petite valise toujours prête, au cas où… » Schuller, en tout cas, ce soir-là, prend peur. « Là, je commence à m'inquiéter. Il y a une accumulation d'événements qui me laissent penser que je ne vais pas pouvoir revenir de sitôt, en tout cas pas avant l'élection présidentielle. Donc, je décide vraiment de partir. On prend un avion privé de Genève à Londres. C'est moi qui paie tout ça. C'était très organisé : aucun contrôle avant de monter dans l'appareil. Je ne veux pas partir trop loin de la France. C'est l'avocat suisse qui m'a persuadé d'aller à Londres, où selon lui j'aurai toutes les garanties juridiques. »

Dans la capitale britannique, Schuller va consulter deux avocats différents, qui lui ont été recommandés par l'avocat suisse, Me Warluzel, ainsi que par Jacques Heyer. « Ce sont ces deux avocats anglais qui me conseilleront de me réfugier aux Bahamas. "Cet archipel n'a pas signé de convention d'extradition avec la France, on fera le nécessaire pour que votre compagne et vous soyez immédiatement résidents. Vous pourrez y attendre le temps qu'il faut", me disent-ils. Grosso modo, dans mon esprit, c'était trois mois, puisque Szpiner m'assurait qu'il me serait possible de revenir après la présidentielle. En fait, l'équipe Szpiner a réussi à me "vendre" l'idée que Pasqua m'avait trahi. Aujourd'hui encore, je ne suis sûr de rien. Mais ma conviction est quand même que Pasqua n'y est pour rien. Parce que je ne vois pas l'intérêt qu'il avait à me voir partir. D'ailleurs, quand le scandale des écoutes Maréchal prend de l'ampleur, je ne suis plus là. Si j'avais été là, j'aurais été à la télé expliquer comment ça s'était passé. Si j'étais resté, à mon avis, ç'aurait été profitable à Balladur. Ça me paraît évident. Là, l'image de Balladur, c'est qu'il a mis sur écoute le malheureux beau-père du pauvre juge Halphen pour protéger un mec qui est ensuite parti en cavale… Du coup, Balladur est associé à un homme en fuite, donc à quelqu'un qui a quelque chose à se reprocher. Avec le recul, je me dis que j'ai été piégé au bénéfice de l'équipe Chirac. Szpiner ne m'avait jamais expliqué qu'il était intime avec Dominique de Villepin, avec Maurice Gourdault-Montagne, ni qui était Djouhri… Bref, la fameuse cellule qui va devenir ensuite le cabinet noir de l'Élysée sous Chirac. On a fait de moi, à mes dépens, un fuyard, pour jeter l'opprobre sur Balladur. »

Schuller minimise-t-il son propre rôle, s'exonère-t-il un peu facilement de ses responsabilités ? En tout cas, il se sent piégé, trahi, acculé à la fuite. La corruption se vautre dans l'obscurité. Quand elle apparaît au grand jour, il y a toujours des victimes. Schuller, fusible idéal, sera l'une d'elles, sacrifié sur l'autel de ses propres errances…

XVI

« Aux Bahamas, je reçois du clan des Hauts-de-Seine six "vrais-faux" passeports. »

Après quatre jours à Londres, Didier Schuller met donc fin février 1995 le cap, via les États-Unis, sur les Bahamas et ses décors féériques. « Je finance moi-même, à 100 %, mon début de fuite. Heyer n'a pas encore dilapidé ma fortune, j'ai les moyens. »

Il voyage sans souci, d'autant qu'à cette date, aucune demande d'interpellation n'a été lancée contre lui – cela ne viendra que le 23 juin 1995, jour de la délivrance d'un mandat d'arrêt international pour « recel d'abus de biens sociaux, complicité, trafic d'influence ». À l'arrivée, à Nassau, un avocat bahamien attend le couple Schuller à l'aéroport. « Avec Christel, on a obtenu la résidence bahamienne très facilement. L'avocat avait tous les pistons, il était copain avec le Premier ministre. Une semaine plus tard, on était résidents officiels des Bahamas. On est restés à l'hôtel pendant quinze jours et on a fini par trouver une belle maison, avec quatre chambres, quatre salles de bains, une piscine... On va rester deux ans aux Bahamas. »

Schuller vit à Paradise Island, l'île la plus proche de Nassau, avec sa compagne et leurs deux fillettes. Membre du très chic Ocean Club, il fait du tennis, du golf, du bateau... Sans préciser où il se cache, il s'offre même le luxe d'accorder un entretien téléphonique au quotidien suisse *La Tribune de Genève*, auquel il annonce le 29 mars 1995 qu'il ne retournera « pas en France avant l'élection du nouveau président de la République ».

Mais la vie de pacha a ses limites. L'hyperactif Didier Schuller trouve le temps long. « Je m'informe de ce qui se passe en France par téléphone. J'ai des factures incroyables. On avait des portables bahamiens. Je suis en contact avec Patrick Balkany. Avec sa femme, aussi. Pour d'autres raisons parce que, à cette période, ils sont fâchés à mort. Je la calme car elle n'a pas de très bonnes idées, notamment en 1996. Mes conversations avec Isabelle m'ont valu des notes de téléphone spectaculaires ! Elle en voulait à son mari, elle voulait balancer des trucs sur lui. »

À l'époque, la presse fait ses choux gras d'une plainte pour « viol et menaces avec arme » déposée par une conseillère municipale de Boulogne-Billancourt, héritière d'une grande famille, qui accuse le maire de Levallois-Perret de lui avoir imposé une fellation sous la menace d'une arme à feu. La jeune femme finira par retirer sa plainte, mais le moins que l'on puisse dire c'est qu'Isabelle Balkany a peu goûté l'épisode...

Les frasques de son ami Balkany n'étonnent guère Didier Schuller, qui n'en tient pas rigueur à son vieux camarade, dont il suit par ailleurs les conseils à la lettre. Au cours de leurs nombreuses conversations téléphoniques, le maire de Levallois-Perret le supplie de... rester où il est. « Balkany est gonflé car dans son livre, publié en 2010 (*Une autre vérité, la mienne*, Michel Lafon), il explique qu'il m'avait d'abord demandé de ne pas partir, puis de rentrer, alors que c'est tout l'inverse ! Je me souviens très bien de ses propos au téléphone : "Reste au chaud, il n'y a pas d'urgence à ce que tu reviennes." »

Dans *Le Monde* du 14 avril 1995, Isabelle Balkany va même jusqu'à assurer que son mari et elle-même ont « tout fait pour convaincre Didier de rentrer », mais que tous deux ignorent où Schuller se trouve et ne « s'en portent que mieux » ! Tout aussi savoureuse, avec le recul, cette déclaration de Charles Pasqua, toujours au *Monde*, qui justifie en ces termes, le 26 juin 1995, la démission d'office de Didier Schuller de ses fonctions de conseiller général : « Je ne peux pas accepter qu'un élu de l'assemblée que je préside puisse ainsi se soustraire à la justice. »

Réplique du fuyard dans le même quotidien, auquel il a accordé un long entretien téléphonique : « Je n'ai été qu'un instrument dont on s'est servi », ajoutant que « c'est à la demande expresse de Charles Pasqua » qu'il avait déposé plainte contre le Dr Maréchal.

Interrogé en qualité de mis en examen par les juges en juin 2000, Patrick Balkany lâchera, sans rire : « Je ne comprends pas la fuite de M. Schuller. »

À l'instar des Balkany, Francis Szpiner est, lui aussi, omniprésent aux côtés du fugitif. « Il vient me voir plusieurs fois aux Bahamas, la première fois très vite, d'ailleurs. Je dirais que dans les trois semaines après notre arrivée, il était là. Il veut voir comment je suis installé, comment ça se passe… C'est très amical et lui aussi me dit : "Attendons la présidentielle et on verra." Ce qu'on me fait comprendre, c'est que, quelle que soit la situation, que Balladur ou que Chirac soit élu, la situation va s'améliorer après l'élection. »

Alors Schuller patiente. Confiant. Assiste, de loin, au naufrage de Balladur dans la dernière ligne droite. Et à la victoire, le 7 mai 1995, de Jacques Chirac, qui le réjouit.

Il ne perd pas de temps.

« J'ai Szpiner au téléphone le lendemain de l'élection. Je lui demande si je peux rentrer, il me répond : "Oui, c'est une bonne idée." Donc j'organise mon voyage, j'achète les billets, etc., mais il me rappelle peu après en me disant : "Non, non, en fait, ce n'est pas une bonne idée. Je me suis renseigné auprès de mes amis…" C'est là, pour la première fois, qu'il me fait comprendre qu'il connaît des gens autour de Chirac. Il me dit de patienter un peu, que les chiraquiens préparent une loi d'amnistie dont je pourrais bénéficier. »

Szpiner s'est bien **rendu** à plusieurs reprises aux Bahamas, mais il conteste la version de Schuller. Il ne l'aurait pas dissuadé de revenir, mais, après avoir sondé les juges, aurait compris que ces derniers refuseraient le marché souhaité par Schuller : un retour en France, oui, mais pas question pour l'exilé d'éviter la case prison. Dans ces conditions, Schuller aurait préféré rester à l'étranger. L'avocat a toujours soutenu que le fugitif ne représentait pas un danger, encore moins un risque pour le camp chiraquien. Me Szpiner aurait joué le simple rôle d'intermédiaire, permettant notamment à Schuller d'obtenir une aide pour financer sa cavale. C'est ainsi que Djouhri, en dépit de ses dénégations, aurait bien versé plusieurs milliers de dollars au fuyard.

Quoi qu'il en soit, déçu, Schuller se résigne à attendre encore. Trompe son ennui en faisant du bateau. Dévore des livres d'histoire, particulièrement ceux consacrés à l'occupation allemande, dont il est devenu de fait un authentique spécialiste. Et finit par accepter l'idée, au fil des mois, que sa situation d'exilé va durer beaucoup plus longtemps que prévu. Il décide, à distance, de mettre de l'ordre dans ses affaires, et convainc sa première épouse, Catherine, d'entériner officiellement leur séparation. « Je l'ai obligée à divorcer parce que je considérais qu'il y avait des risques, confie-t-il. Je voulais la protéger elle et nos deux enfants. Lorsqu'on est en cavale, théoriquement, la justice peut faire une saisie. Le divorce a été prononcé en 1996. Il y avait beaucoup d'argent en jeu : un appartement de 200 m² dans le 16ᵉ, 700 m² de bureaux place Pereire et la moitié de l'appartement de ma mère. »

Volontairement, Didier Schuller consent à ce qu'il qualifie lui-même de « pire divorce possible ». Il sourit : « Résumons, avant mon départ, je suis haut fonctionnaire, je suis élu, j'ai la possibilité d'aller dans le privé si je veux, je touche un salaire important, je dispose d'une fortune grâce à ma première femme et de l'héritage familial en Suisse. Et je me retrouve d'un coup sans rien – ce qui est toujours la situation aujourd'hui d'ailleurs. Ça fait quand même un peu bizarre… »

D'autant que le nouveau pouvoir se montre sans pitié pour le banni : « Il y a eu un décret, signé en 1996 par Chirac, sur la proposition d'Alain Juppé, Premier ministre, et de Bernard Pons, ministre de l'Équipement, du Logement, des Transports et du Tourisme. Le texte dit que je suis radié de la fonction publique. J'aurais pu attaquer, à mon avis, parce que, évidemment, on ne me l'a pas signifié… » Didier Schuller n'a jamais pardonné cela à Alain Juppé, secrétaire général (1988-1994) puis président (1994-1997) du RPR. Il aurait d'ailleurs aimé que l'ancien Premier ministre (1995-1997) soit mis en cause dans l'affaire Maillard et Duclos. Un dossier politico-financier qui, d'après lui, aurait dû davantage éclabousser le protégé de Jacques Chirac.

Dans les années 1990, un juge d'instruction de Bourg-en-Bresse, chargé de cette affaire du nom d'une filiale de la Lyonnaise des eaux, avait mis au jour un système de fausses factures destiné notamment au financement occulte du RPR. Il avait aussi découvert que Marie-Thérèse Hermange, à la fois adjointe au maire de Paris, chargée des affaires sociales et de la petite enfance, députée européenne et secrétaire nationale du RPR, avait été salariée de 1989 à 1994 par la Société générale de restauration (Sogeres), bénéficiaire de nombreux marchés en région parisienne, notamment dans la capitale. Didier Schuller affirme avoir eu connaissance de l'existence d'un compte occulte, réceptacle de l'argent des marchés publics détourné au bénéfice de hautes personnalités du RPR. « C'est un type qui avait été en prison, proche de Robert Bourachot, PDG de Maillard et Duclos, qui me l'avait dit. »

Sans le sou ou presque – sa compagne Christel Delaval a tout de même trouvé un job pour un groupe d'assurances international –, Didier Schuller se tourne vers ses « chers amis », comme il qualifie ceux qui, en France, l'ont incité à partir.

« En fait, dit-il, c'est Szpiner qui s'est occupé de ça. Il a été voir Pasqua et lui a dit qu'il fallait que je reste à l'extérieur du pays. Et après, le nécessaire a été fait pour que je puisse demeurer à l'étranger, c'est-à-dire qu'on m'a procuré des fonds. Ce qui est extraordinaire, c'est que le juge d'instruction, lors de mon retour en France en 2002, ne m'a jamais posé de questions là-dessus. »

Le mécanisme est simple, à l'en croire : « L'argent vient d'une banque suisse et il arrive dans une banque bahamienne, la British American, qui appartenait au groupe d'assurances pour lequel travaillait Christel. J'avais un compte là-bas, à mon vrai nom puisque j'étais résident. Ils m'ont viré l'équivalent de 2 millions de francs. Ils avaient sans doute peur que je rentre. Ils avaient peut-être raison, d'ailleurs ! »

Didier Schuller insiste : son seul interlocuteur, c'est Francis Szpiner. « Je n'ai pas appelé Pasqua. Szpiner m'a demandé de ne pas le faire, c'était trop imprudent, il m'a dit : "Je m'occupe de tout." Et Szpiner m'a dit que c'était Pasqua qui avait décidé de me filer de l'argent. Je l'ai cru et je le crois toujours. Je sais que c'est Pasqua parce que j'avais eu Balkany au téléphone qui me l'avait confirmé. »

Didier Schuller est un drôle de fugitif : il dispose d'une carte bancaire, d'un chéquier, retire de l'argent normalement... « Le premier virement est arrivé en moins d'un mois. En urgence, Szpiner m'avait d'abord envoyé 30 000 dollars, en me disant que ça venait de Djouhri. »

Dans son exil doré, Schuller fait des rencontres inattendues : « Je suis tombé sur l'un des plus gros promoteurs de Paris, à la fois ami intime de Chirac et de Balkany. J'ai vu Régine aussi, qui avait acheté un hôtel à Eleuthera pour son fils. Je la connaissais déjà très bien, Régine, j'avais croisé Balkany chez elle plusieurs fois dans les années 1960. Évidemment, ces gens auraient pu me dénoncer, mais qu'est-ce que je pouvais faire d'autre, de toute façon ? Enfin, Régine n'était pas du genre à balancer... »

Sur la plage, un jour, les filles de Schuller bâtissent quelques châteaux de sable avec une autre gamine, française elle aussi. Au bout d'un moment, le père s'approche de Didier Schuller, un sourire au coin des lèvres. « Il me dit : "Monsieur Schuller, je vous vois mais, évidemment, dans l'instant même, j'ai oublié que je vous ai vu." C'était le fils d'un des directeurs commerciaux de mon beau-père. Il était venu à mon premier mariage ! »

Pour tromper leur ennui, Schuller et sa compagne voyagent beaucoup durant les deux ans qu'ils passent aux Bahamas. Aussi surprenant que cela puisse paraître, s'agissant d'un couple recherché par la justice française… « J'ai visité toute l'Amérique latine et toute l'Amérique centrale. Sans difficulté puisqu'on m'avait procuré des "vrais-faux" passeports. Ce n'est bien sûr pas Pasqua lui-même qui me les a apportés, c'est un simple militant RPR. Et là, Szpiner n'est pas dans le coup, même si j'étais passé par lui pour demander des faux papiers d'identité. C'est le clan des Hauts-de-Seine, cette fois. »

Et voilà comment le couple Schuller-Delaval reçoit, début 1996, « six passeports belges totalement vierges, avec les tampons officiels. On n'avait plus qu'à les remplir à la main et à coller nos photos. Le militant RPR avait apporté des cachets pour tamponner et un poinçon spécial, parce qu'on m'avait apporté aussi des permis de conduire. Il me semble qu'il y en avait six également ».

Didier Schuller n'a plus qu'à choisir les noms d'emprunt qu'il souhaite, ce qui l'amuse beaucoup. « Christel est devenue Marie-Astrid Lambert. Moi, j'ai décidé de m'appeler Jean Wiser. Pourquoi Wiser ? Parce que c'était le nom du directeur général du groupe du père de Christel. Il était belge et mon beau-père ne pouvait pas le blairer, donc j'avais eu cette idée ! » Autre identité, assez transparente, utilisée par le couple : Delavallée. « Je n'ai pas financé la cavale de Schuller, pas plus que je ne lui ai fourni de faux passeports, proteste Charles Pasqua. Quel aurait été mon intérêt ? Je n'avais aucun contact avec Szpiner. Cet avocat, en liaison avec les chiraquiens, a monté toute une histoire pour accréditer l'idée que Schuller était menacé. Je me demande bien du coup qui a payé tout ça. »

Fin 1997, alors qu'en France, Jacques Chirac a procédé à une calamiteuse dissolution et permis à Lionel Jospin de s'installer à Matignon, la famille Schuller décide de quitter le paradis bahamien, devenu hors de prix. « Le salaire de Christel était absorbé par le loyer. Là-bas, tout est très cher, c'est insensé. Surtout que je découvre que je suis ruiné… »

Deux ans après son arrivée aux Bahamas, Schuller apprend en effet une très mauvaise nouvelle : son gestionnaire de fortune, Jacques Heyer, a fait faillite. Schuller n'a plus un sou, ou presque. « Je l'ai su par Szpiner. J'ai vraiment accusé le coup. Toute la fortune de ma mère y passe, soit 5 millions de dollars. Plus l'argent que j'avais moi-même gagné, notamment lorsque je travaillais au Proche-Orient. Plein d'autres clients se sont fait plumer. En tout, Heyer a dilapidé 85 millions de dollars. La vraie question, c'est : qu'est-ce qu'il en a foutu ? Et, aujourd'hui, il vit tout à fait tranquillement : il joue au golf à Saint-Tropez, il fait ses courses… Il est protégé, il a dû faire passer quelques messages sur ses capacités de nuisance. Parce qu'il y a quand même quelques mecs qui lui en veulent… Bien sûr que je lui en veux moi aussi. Mais qu'est-ce que je peux faire ? » Jacques Heyer a été condamné en appel par la justice suisse à l'automne 2006 à deux ans de prison avec sursis pour abus de confiance.

D'après Schuller, certains des riches clients escroqués par Heyer auraient été jusqu'à envisager une opération de représailles plutôt musclée contre le financier suisse, avant d'y renoncer en constatant que leur « cible » était intouchable…

XVII

« Chirac a proposé de verser 2 millions de dollars pour m'exfiltrer vers la Colombie. »

Ruiné, Didier Schuller décide de s'exiler fin 1997 en République dominicaine, où il s'était rendu à plusieurs reprises au cours des deux années précédentes. Le coût de la vie y est incomparablement plus raisonnable, et puis, il est tombé sous le charme de ce pays des Grandes Antilles jouissant d'une vraie richesse culturelle. Juste avant son changement de cap, il accorde en décembre un entretien exclusif à un journaliste du *Monde*, Hervé Gattegno, venu le débusquer dans son repaire bahamien, dont l'existence venait d'être révélée par *Le Nouvel Observateur* – une raison supplémentaire pour l'ex-conseiller général de quitter l'archipel.

Fidèle à ses habitudes, il se défend en accusant, mais en restant dans le sous-entendu : « Ce n'était pas moi qui attribuais les marchés des HLM des

Hauts-de-Seine ! clame-t-il à Hervé Gattegno. Bien sûr que j'ai reçu des "aides". Mais lorsque l'on est, comme c'était mon cas, candidat aux élections pour un parti qui s'appelle le RPR, laissez-moi vous dire que l'on ne décide pas seul de s'attribuer de telles "aides". Surtout pas quand on travaille sous les ordres d'un président qui s'appelle Patrick Balkany et dans un département qui s'appelle les Hauts-de-Seine. Les choses y sont un peu plus hiérarchisées… » Il se sent conforté par les déclarations de son ami Schimpf, qui a assuré aux juges que « c'était le président [de l'OPDHLM 92] Patrick Balkany qui avait le véritable pouvoir d'influer sur les décisions relatives à l'attribution des marchés ».

Dans le même temps, Schuller déclare au journaliste du *Monde* n'avoir pas de rancœur vis-à-vis de Charles Pasqua qui, dit-il, « a toujours été clair avec [lui] ». Bref, Schuller manie la carotte et le bâton.

Installé en République dominicaine, il continue à voyager beaucoup, grâce à ses faux papiers : « Je partais de Saint-Domingue par l'aéroport international avec mon faux passeport. J'allais soit au Venezuela, soit au Panama. Et, de là, je me rendais à la destination que je voulais. Le but, c'était de travailler. Je bossais pour la même société que Christel, j'essayais de diversifier l'implantation de cette compagnie d'assurances. Je tentais aussi de vendre des terrains. » Surtout, par l'intermédiaire de l'un de ses cousins, qui se trouve être secrétaire général adjoint de l'ONU et patron de la Commission économique pour l'Amérique latine et les Caraïbes (CEPALC), il noue de précieux contacts. « Grâce à lui, je vais faire la connaissance de plein de gens intéressants. Il m'a permis de rencontrer des ministres, des dirigeants, etc. Ainsi, j'ai commencé à travailler pour deux ou trois groupes français, notamment la Compagnie générale des eaux [CGE], devenue Vivendi, dirigée à l'époque par Jean-Marie Messier, qui aujourd'hui vit avec… Christel ! Alain Marsaud, qui avait intégré la CGE après sa défaite aux législatives de 1997, m'avait prêté main-forte sur ce coup-là. Je négociais des marchés de ramassage d'ordures, de réduction d'eau… Mes employeurs savaient très bien qui j'étais, naturellement. Ils ne me posaient pas de questions. Quand je négociais, j'avais deux types de cartes de visite : les unes au nom de Didier Schuller, les autres à celui de Jean Wiser. C'était quand même extraordinaire, de quoi devenir schizophrène ! Bon, quand on est Gémeaux, on arrive à gérer… »

Didier Schuller, qui retourne souvent dans ce pays dont il s'est réellement entiché, note : « Aujourd'hui, il y a encore des gens qui m'appellent Jean. Parfois, quand je joue au golf, des mecs me lancent : "Salut Wiser !" Maintenant, je ne me retourne plus quand j'entends "Wiser !" dans la rue, j'ai perdu l'habitude. Même au golf, quand on insiste : "Jean ! Jean ! Jean !", je ne réagis plus. À l'époque, j'étais habitué. Je m'étais complètement fondu dans ce nom-là. »

L'intégration se révèle d'autant plus facile que Schuller, installé dans une maison de rêve avec accès direct à l'océan au sein d'un complexe pour milliardaires, le Sea Horse Ranch, vit comme un roi. Il joue régulièrement au golf avec le consul des États-Unis, William Kirkman.

À Saint-Domingue, Schuller continue de s'informer de ce qui se passe en France. Il prend connaissance avec contrariété des déclarations de Jacques Verne, le mari de sa sœur, Françoise, qui lance, le 21 décembre 1997, dans les colonnes du *Journal du Dimanche*, que la fortune de son beau-frère « n'est aucunement familiale » et qu'elle « provient d'actes répréhensibles ». « Quand Schuller est parti brutalement, il devait à sa mère une somme importante », conclut-il. Interrogée par la police en janvier 1998, la sœur du « fugueur », Françoise Verne, ne se montrera guère plus tendre, assurant que « la famille de notre côté maternel, les Rosenthal, n'a jamais eu de fortune », et que l'argent de son frère provenait principalement de « dirigeants d'Euromarché ». Le présentant comme « un charmeur-né » et stigmatisant sa « paresse », elle constate que « son train de vie a explosé » à la fin des années 1970, lorsqu'il travaillait au ministère du Commerce. Il ne se serait pas montré aussi désintéressé qu'il le prétend. « Les tentations à ce poste étaient grandes. Mon frère m'expliquait que les chefs d'entreprise qui désiraient obtenir l'ouverture d'une grande surface venaient le voir dans son bureau avec des valises pleines d'argent en liquide. Il m'a d'ailleurs montré cet argent en liquide dans ses coffres à la BRED, agence d'Auteuil, aux alentours de 1978. » Le fils de Françoise, Guillaume Verne, présentera la même version aux juges, s'agissant de l'origine de l'argent détenu par son oncle : « Ce n'est certainement pas une fortune qui provient de notre famille. Mon oncle m'a fait des confidences sur une somme importante dont il a pu entrer en possession, c'était aux alentours des années 1980-1981, il était alors directeur du cabinet du secrétaire d'État au Commerce et à l'Artisanat et selon ce qu'il m'avait confié, il était chargé de récupérer de l'argent provenant des autorisations d'ouverture des grandes surfaces, argent qu'il devait ensuite remettre au trésorier de la campagne de Giscard d'Estaing. Il s'est plus tard vanté devant moi d'avoir conservé cet argent et c'est à partir de cette période que son train de vie a connu une première accélération. »

Un grand déballage familial qui se poursuivra devant les juges, lors d'une confrontation, en novembre 2003 : « Il y a un lourd contentieux familial avec la famille Verne, avec le père de Guillaume », s'emportera Schuller, dénonçant « toutes les déclarations haineuses qui peuvent venir de sa famille ». Quant à Jacques Verne, Schuller le qualifiera sur procès-verbal de « pièce ô combien rapportée, [qui] n'était absolument pas au courant des avoirs familiaux que nous détenions à l'étranger »...

Nombreux sont ceux qui entendaient profiter du départ de Schuller pour régler, à tort ou à raison, leurs comptes avec lui...

« Durant mon séjour à Saint-Domingue, explique-t-il encore, j'appelle beaucoup les gens en qui j'ai confiance à Clichy, pour avoir des nouvelles de la ville. Je n'étais pas trop inquiet des écoutes parce que j'avais un portable et que, à l'époque, les téléphones mobiles, peu répandus, n'étaient pas encore espionnés. En théorie, c'était sûr. Pour être tout à fait honnête, je n'ai pas eu l'impression d'être très recherché non plus. » Il continue de recevoir des visites des initiés : « Il y a Szpiner, Balkany et deux ou trois types avec qui je suis très copain, dont un qui est devenu depuis adjoint au maire de Puteaux. »

Dans un entretien au *Parisien*, le 29 janvier 2002, après que Schuller a été localisé à Saint-Domingue, Patrick Balkany, visiteur régulier selon son ancien complice, déclarera pourtant : « Jamais je n'ai vu ou même su que Didier Schuller était sur l'île ! »

Quelques mois à peine après son arrivée, Schuller se sent totalement intégré dans cette petite république, qui lui plaît de plus en plus. « Entre la vie aux Bahamas et celle à Saint-Domingue, aucune comparaison possible, note-t-il. C'est un véritable pays, Saint-Domingue. Il y a une âme, une histoire, une formidable culture, des peintres, un opéra... » Rapidement, Schuller devient un notable. Il ne laisse pas indifférent les Dominicaines. Il goûte sans complexe aux richesses insoupçonnées de cette île des Caraïbes. Dans les soirées très chic de Saint-Domingue, il est traité comme un hôte de marque. Pas facile pour cet épicurien, dans ces conditions, de résister aux tentations. Les femmes sont plutôt libérées, le climat pour le moins agréable, les plages paradisiaques, la nourriture excellente, la cocaïne, d'une pureté exceptionnelle, aussi accessible qu'un paquet de chewing-gums...

Celui qui est considéré comme un banni dans son pays est accueilli chaleureusement. « La plupart des gens qui savaient pourquoi j'étais là me disaient : "Mais enfin, comment peut-on te poursuivre pour ce que tu as fait ? Les financements électoraux ? Mais ici, tu serais décoré de l'ordre de Duarte, la Légion d'honneur dominicaine !" » Didier Schuller, qui craint tout de même d'être dénoncé, se laisse pousser la moustache, et décide de replonger... dans la politique. « Le virus m'a repris de manière inattendue, et je vais me taper deux ans de campagne présidentielle ! »

Une sénatrice du Parti révolutionnaire dominicain (PRD), Milagros Ortiz Bosch, décidée en 1998 à se présenter à la présidentielle prévue deux ans plus tard, lui lance lors d'un déjeuner : « Je veux que vous m'aidiez à faire ma campagne, votre expérience me serait précieuse. » Schuller accepte sans hésiter. « Je deviens donc son conseiller. Je m'affiche complètement au sein du parti, dans son équipe. Son directeur de cabinet officiel, qui est son chef de campagne, me téléphone douze fois par jour, je suis dans la capitale quatre jours sur sept... Donc j'assiste aux grands dîners, je vais aux réunions politiques... »

Pour un homme en fuite, on fait plus discret.

« Pourtant, je n'ai pas peur d'être trop voyant. Il n'y a que des journalistes américains qui viennent. La France n'est absolument pas intéressée par ce qui se passe dans ce pays. » Pour vaincre le parti au pouvoir, la sénatrice accepte de faire alliance avec son rival au sein du PRD, Hipólito Mejía Domínguez, qui sera candidat. « Elle a accepté le principe d'un ticket, quitte à n'être que vice-présidente. Elle savait qu'il était encore trop tôt, là-bas, pour qu'une femme devienne présidente de la République. »

Très vite, Schuller va adapter à la sauce tropicale les bonnes vieilles méthodes apprises dans les Hauts-de-Seine. « Je leur ai trouvé du pognon, via un drôle de personnage, un Libanais qui était dans le pétrole, grand copain d'Alfred Sirven : il s'agit d'Élie Khalil, il m'avait été recommandé par le clan Pasqua-Sarkozy. » Mis en cause dans un volet de l'affaire Elf avant d'être blanchi, Khalil (qui n'a pu être contacté) était défendu par... Me Francis Szpiner. « J'ai présenté Khalil au futur président de la République et à la future vice-présidente. En fait, Hipólito Mejía m'a pris au sérieux à partir du moment où je lui ai trouvé, grâce à Khalil, 1 million de dollars. Je ne sais pas si c'était le fric personnel de Khalil, je n'ai pas demandé. Tout ce que je sais, c'est qu'il l'a versé. C'était beaucoup d'argent. Il devait être le principal donateur, je pense. Et tout ça n'était pas réglementé du tout. » Le bonheur, quoi.

Comme il le dit lui-même, Schuller retrouve ses « vieux réflexes ». « C'est la même chose qu'en France, résume-t-il. Les colis de Noël, ça s'appelle les *canastas*, là-bas. Il y a des dizaines de milliers de mecs qui font la queue pour avoir des jouets, des bonbon, etc. Sinon, campagne d'affichage classique, bagarres, etc. Sauf que là-bas, c'est plus chaud, ça tire : on a eu cinq ou six morts trois jours avant l'élection. »

Didier Schuller s'investit à fond tout en continuant à travailler pour des assurances et à vendre des terrains, ce qui lui vaudra d'ailleurs quelques petits soucis bien plus tard avec la justice française, dans le cadre d'une enquête sur une rocambolesque affaire de trafic de nougats...

La campagne menée par Schuller est une réussite : en 2000, Hipólito Mejía Domínguez accède à la présidence de la République. S'ensuit, au terme de l'élection, « une soirée complètement dantesque au palais présidentiel ». « Avant de partir dîner dans le restaurant où la vice-présidente et moi avions eu notre première discussion, se remémore Schuller, il y avait eu six ou sept fêtes populaires dans la ville : le président et sa vice-présidente étaient passés dans chacune d'entre elles faire un discours, avec tout un cortège présidentiel, les motards, les ambulances, etc. Et moi, j'étais dans la voiture de la vice-présidente ! Alors que j'avais un mandat aux fesses ! Je me rappelle avoir dit à Christel : "Tu vois, on y est de nouveau. Et plutôt mieux." Ce fut vraiment un grand moment... » Didier Schuller, aussi ahurissant que cela puisse paraître, devient une personnalité locale, alors que pour la justice, c'est un homme en fuite, visé depuis des années par un mandat d'arrêt international. « Beaucoup de gens m'ont même demandé de devenir maire de Puerto Plata, là où j'habitais », s'exclame-t-il. On le surnomme Señor Didier ou Señor Juan, voire *El Prófugo* (le fugitif). S'il continue de suivre vaguement l'actualité hexagonale, Didier Schuller, désormais bilingue, se sent maintenant dans la peau d'un exilé durable.

« J'étais tellement dans mon truc à Saint-Domingue que je prenais connaissance de l'actualité française avec beaucoup de distance, je n'étais plus du tout obsédé par l'idée de rentrer, se souvient-il. Et puis on avait une vie vraiment agréable. Tout coûtait très peu cher : on avait un chauffeur, une cuisinière, une femme de chambre et un jardinier pour l'équivalent de 500 euros par mois. Mes filles, Daphné et Clara, étaient ravies : elles faisaient du cheval tous les après-midi, elles allaient se baigner, parlaient l'espagnol... Elles ont eu une enfance et une adolescence exceptionnelles. On louait une petite maison, qui faisait quand même 400 m², avec cinq chambres. À Saint-Domingue, avec 5 000 euros par mois, on vit comme un prince. »

Il l'avoue : à cette époque, il a « de moins en moins de rapports avec Szpiner, Balkany, et les autres, dans la mesure où j'ai refait ma vie. Pour le plus grand bonheur de tous parce que ça m'évite de demander du pognon ! ». Seul souci, la violence, mal endémique en République dominicaine. « Moi, on avait mis à ma disposition un capitaine de l'armée quand je faisais des voyages la nuit, entre mon domicile et la capitale – située à deux cent trente kilomètres. Dans la voiture, il y avait mon chauffeur, le militaire et moi. Une fois, on a eu un accident : une voiture avait grillé un stop et nous était rentrée dedans. Quatre types ont jailli de l'auto avec des flingues. Heureusement, le militaire est sorti de notre voiture et les quatre hommes ont pris peur à la vue de son uniforme... »

Plus amusant : à plusieurs reprises, Didier Schuller croise... l'ambassadeur de France, François-Xavier Deniau. « Je l'ai vu deux ou trois fois, je lui ai été présenté comme Jean Wiser. Je n'ai jamais su s'il m'avait reconnu. » Ambassadeur en République dominicaine et aux Bahamas entre 1998 et 2001, François-Xavier Deniau est ensuite devenu l'un des principaux responsables des services secrets, puisqu'il a été directeur de la stratégie à la DGSE entre 2001 et 2005...

Au début de l'année 2002, Didier Schuller recommence à avoir le mal du pays. L'idée de revenir le titille. La perspective d'un contexte politique plus favorable n'y est pas étrangère. D'ailleurs, convaincu depuis de nombreux mois que son « ami » Francis Szpiner joue un double jeu, il a décidé de changer d'avocat. Il sera désormais défendu par Me Jean-Marc Fedida, un pénaliste réputé proche de la gauche. « C'est en février 2001 que Schuller m'a téléphoné pour savoir si, en cas de retour, je serais prêt à assurer sa défense. J'en ai accepté le principe », relatera Me Fedida au *Point*, le 8 février 2002.

« Je pensais que le bon moment pour rentrer, c'était juste après la présidentielle de 2002, dit Schuller. J'étais certain que Jospin serait président de la République. Pour moi, ça ne faisait aucun doute. »

Mais rien ne se passe comme prévu.

La « planque » de Schuller commence à être connue, au moins des initiés. En atteste cette note blanche (document sans en-tête ni signature) de la Direction centrale des Renseignements généraux, datée du 19 décembre 2001, et intitulée : « Hauts-de-Seine : la solidarité des "accidentés de la politique". » Le rédacteur, plutôt bien informé, souligne que « deux personnalités proches de Charles Pasqua dans les Hauts-de-Seine, MM. Patrick Balkany et Didier Schuller, tous deux confrontés à la justice dans un passé proche, continuent, malgré la distance de plusieurs milliers de kilomètres qui les sépare, à entretenir des liens d'amitié. C'est ainsi que la propre fille de M. Schuller doit se rendre, vendredi 21 décembre prochain, par avion, en République dominicaine, afin d'y retrouver son père, qui y a élu domicile depuis sa fuite des Bahamas ».

Surtout, le retour en France du célèbre exilé va être précipité... par son propre fils, Antoine, qui le dénonce publiquement. Dans les colonnes du *Parisien*, le 21 janvier 2002, Antoine Schuller révèle ainsi que son père « vit comme un pacha dans l'île de Saint-Domingue ». Très mal dans sa peau, le jeune homme est sous l'influence d'un psychothérapeute aux allures de gourou et d'une ancienne vedette de la chanson française, le tout sur fond de manipulations sectaires... « Il a toujours de l'argent sur lui, fréquente les bars à vins de l'île, les endroits les plus chic, et paie tantôt en liquide, tantôt avec sa carte bleue. Rien n'a changé. Quand il était en France, il avait toujours des liasses de billets de 500 francs avec lui », dénonce encore Antoine Schuller.

Le jeune homme piège même son père par téléphone, faisant enregistrer par Canal+ une conversation au cours de laquelle Didier Schuller dit notamment : « Je t'ai déjà expliqué que quand je suis parti, la situation était quand même extrêmement tendue, et qu'il y avait des gens qui auraient peut-être eu peur que je me mette à raconter des choses, et que ces gens-là, à l'époque, avaient quand même des positions extrêmement fortes. Il y avait notamment un monsieur qui était ministre de l'Intérieur et qui est un monsieur d'origine corse, tu vois ce que je veux dire… Je te rappelle quand même, Antoine, au cas où tu l'aurais peut-être oublié, que je suis quand même quelqu'un de relativement proche du mec qui dirige un petit pays qui s'appelle la France. »

Très vite, face à la pression médiatique et judiciaire qui menace Schuller, les autorités dominicaines vont tout mettre en œuvre pour protéger leur *Francés* préféré. Ce dernier se réfugie… dans la résidence d'été du cardinal de Saint-Domingue, où il séjournera trois semaines, en toute discrétion, avec la complicité du président dominicain.

Au même moment, ce dernier déclare sans ciller au *Monde*, daté du 23 janvier 2002 : « Nous n'avons pas connaissance de la présence de cet individu dans le pays » ! Les médias français sont d'ailleurs persuadés que l'insaisissable Schuller s'est déjà envolé pour une nouvelle destination…

Dans le secret, Francis Szpiner parvient à le joindre par téléphone. « Il m'appelait pour, une nouvelle fois, me déconseiller de revenir en France, tonne Schuller. "Il ne faut pas que tu rentres. On va s'occuper de te trouver un nouvel asile", m'a-t-il dit. Je l'ai envoyé promener, je n'avais plus confiance en lui. »

Quelques jours plus tard, Didier Schuller va avoir la confirmation que Me Szpiner était manifestement en service commandé. « Un soir, révèle-t-il, j'ai eu un entretien secret avec le président de la République dominicaine, mon ami Hipólito Mejía Domínguez. Il m'a confié avoir reçu un coup de fil de Jacques Chirac, qui lui avait dit ceci : "Monsieur le Président, ce serait bien de suggérer à votre ami Schuller de partir rapidement. Je peux débloquer immédiatement 2 millions de dollars pour le faire transférer discrètement en Colombie." Je me souviens parfaitement de cette conversation surréaliste avec Hipólito. C'est quand même fou quand on y pense : le président Chirac a proposé à son homologue dominicain de verser 2 millions de dollars pour m'exfiltrer en Colombie ! Je n'étais pas vraiment étonné du choix de la Colombie, c'était une filière "Villepin", qui a de nombreuses connexions dans ce pays. Le président dominicain, qui ne pouvait pas blairer Jospin, m'a conseillé vivement d'accepter la proposition de Chirac. Mais je lui ai répondu que j'en avais marre de ma condition d'exilé forcé, que le mieux était que je retourne dans mon pays. »

Il nous fallait à tout prix confirmer cette anecdote, révélatrice des suées froides endurées par les caciques du RPR à la simple idée que Schuller se laisse aller à quelques confidences. M. Mejia n'a pu être joint. Mais son bras droit au PRD et ancien ministre de l'Éducation nationale (2000-2004) Julio R. Cordero, sait tout de cette affaire. Par courriel, il nous a certifié que Jacques Chirac avait bien exercé des pressions sur son homologue dominicain, afin d'empêcher un éventuel retour de Schuller en France. « Je me souviens de cet appel téléphonique, explique M. Cordero. Je me rappelle que M. Chirac s'était montré inquiet quant au retour de Schuller en France, et qu'il avait tenté de convaincre le président Mejia de ne pas l'envoyer en France. Et s'il était impossible que Schuller demeure en République dominicaine, alors Chirac souhaitait qu'on lui trouve un autre point de chute, dans un autre pays. » M. Cordero dit ne pas avoir eu connaissance d'une proposition financière. « Mais Mejia, fidèle à ses principes, a refusé le marché et a laissé la justice agir », affirme-t-il.

Nous avons bien évidemment sollicité un entretien avec Jacques Chirac, ou, si son état de santé l'interdisait, avec l'un de ses lieutenants. Une requête faite en temps et en heure. Cette demande a été formulée oralement, au cours de l'été 2013, auprès de Me Jean Veil, le conseil de l'ancien président, puis par écrit, dans un courrier daté du 7 septembre avec accusé de réception adressé au secrétariat de M. Chirac. L'entourage de l'ex-chef de l'État avait donc largement le loisir et le temps, s'il le désirait, de réagir aux faits le concernant rapportés dans cet ouvrage. Nous avons finalement reçu une missive, le 13 septembre, signée de Me Veil.

Par souci du contradictoire, nous en reproduisons le texte intégralement : « Le président Jacques Chirac m'a adressé une copie de votre lettre du 7 septembre. Destinée à préserver votre responsabilité en feignant de lui donner la faculté de répondre à des accusations, dont vous envisagez de faire votre miel, vous lui demandez de répondre à 8 questions rocambolesques concernant divers sujets anciens. Permettez-moi de relever que la procédure que vous semblez vouloir dicter à l'ancien chef de l'État ne saurait satisfaire le principe du respect du contradictoire qui s'impose dans les procédures judiciaires et auquel certains journalistes sont aussi attentifs. En l'espèce, votre démarche dont l'opacité est encore aggravée par l'urgence n'est qu'un simulacre. Le respect du principe du contradictoire aurait imposé que vous nommiez les accusateurs dont vous vous faites les hérauts et que vous fournissiez les preuves des éléments de faits qu'ils articulent. À défaut, vous comprendrez que le président Jacques Chirac n'entende pas jouer à cache-cache avec des joueurs de bonneteau... »

Un texte bien balancé. Dans lequel Jean Veil omet notamment de souligner que durant toute sa carrière politique, très longue, le président Chirac, souvent cité dans des procédures judiciaires, n'a jamais souhaité répondre aux questions des journalistes sur les affaires le mettant en cause autrement que par son fameux « abracadabrantesque », au moment de la révélation des confidences posthumes de Jean-Claude Méry.

XVIII

« En prison, Sirven me raconte qu'Elf a financé la campagne de Balladur. »

Un peu dans la précipitation, et même la panique, Schuller organise donc sa reddition, à la fin du mois de janvier 2002. « Du coup, je suis rentré dans des conditions assez épouvantables », convient-il.

Accompagné d'une meute de journalistes, il est de retour dans l'Hexagone le 5 février. Avant son départ, il a accordé un nouvel entretien au *Monde* dans lequel il lâche : « Il y a trop longtemps que je porte le chapeau pour tout le monde. » « L'emmerdeur vous salue bien », titre judicieusement le 6 février *Libération*, qui illustre sa une d'une photo de Schuller en train de lire la presse dans le vol Air France 3694 qui le ramène à Paris. Dans l'avion, pour tuer le temps, il griffonne quelques lignes qu'il couche d'une écriture maladroite sur une feuille blanche. L'ébauche d'un communiqué qu'il aurait aimé lire à ses anciens administrés et dont il a conservé l'original, comme une précieuse relique. Intitulé « Message aux Clichois », le texte, dont plusieurs mots ont été raturés, oscille entre sincérité et démagogie. Il dit ceci : « Mes chers amis, au moment où je revois pour la première fois depuis sept ans la terre de France, je souhaite m'adresser à toutes celles et ceux qui m'ont manifesté leur attachement. De 1988 à février 1995, nous nous sommes quotidiennement rencontrés. Puis j'ai volontairement gardé le silence à votre égard. Je sais que des milliers d'entre vous ont pensé que je vous abandonnais. Vous comprenez aujourd'hui que mon départ était la seule solution pour mettre à l'abri ma famille et moi-même. Je suis en effet depuis cette époque au cœur d'une affaire d'État. Aujourd'hui, avant d'affronter une justice que j'espère sereine, je voulais simplement vous redire mon affection. Je n'ai cessé de penser chaque jour à toutes celles et à tous ceux qui m'avaient fait confiance. Et je sais que dans l'épreuve que je traverse, je peux espérer votre pardon. »

Dès son arrivée sur le sol français, Didier Schuller est mis en examen pour « trafic d'influence » et « recel d'abus de biens sociaux » par le juge de Créteil Philippe Vandingenen, qui instruit l'affaire des HLM des Hauts-de-Seine, et placé en détention provisoire à la maison d'arrêt de la Santé, à Paris. Brusque retour sur terre pour celui qui est déterminé à peser à nouveau, mais cette fois volontairement, sur le cours du scrutin présidentiel.

« À mon retour, explique-t-il, j'étais prêt à faire des déclarations tonitruantes pour plomber Chirac. Mon objectif était de lui faire perdre l'élection de 2002. Et finalement, je n'en ai pas eu l'occasion... » Pourtant, il assure à l'époque aux médias qu'il « ne rentre pas pour balancer Untel ou Untel »... La fébrilité gagne en tout cas le RPR, bien conscient du potentiel explosif du personnage. La présidente du parti gaulliste, Michèle Alliot-Marie, dénonce immédiatement le « premier acte de campagne des socialistes », qu'elle accuse d'avoir fomenté le retour du proscrit.

Alain Juppé, lui, reproche au PS, dans un style inhabituellement fleuri, d'« attaquer les personnes en remuant la merde ». « Nous demandons la faveur d'être épargnés de l'amalgame, de la confusion et de la médiocrité », réplique François Hollande, alors Premier secrétaire du PS, qui qualifie les déclarations de l'ancien Premier ministre de « propos de cabinets ». Sept ans après son départ précipité, c'est comme si rien n'avait changé pour Didier Schuller : il éprouve une nouvelle fois le désagréable sentiment d'être l'instrument de règlements de comptes politiques qui le dépassent...

Contre toute attente, Didier Schuller s'habitue immédiatement à l'univers carcéral. « Ma structure de vie, notamment le fait que je suis un chasseur d'approche et que je peux rester deux ou trois jours tout seul dans une forêt, fait que la solitude ne me pèse absolument pas. Donc la prison… Ce qui aurait pu me déranger en détention, c'est la promiscuité avec quelqu'un d'autre et ça n'a pas été le cas, même si j'ai eu une toute petite cellule de 6 m². La seconde fois, quand je suis revenu, j'en ai eu une grande, un vrai petit studio de 18 m². C'était vachement sympa ! Mais les trois premières semaines, en 2002, c'était vraiment une petite cellule. La tête de mon lit touchait la cuvette des toilettes. Je me souviens, je m'étais fabriqué une sorte de couvercle en carton à poser au-dessus de la cuvette. Le plus terrible en prison, c'est le bruit. Au quartier des VIP, on était au-dessus du coin psychiatrique en plus. Donc, en plein milieu de la nuit, on entendait des mecs hurler. Et puis, dans la journée, il y avait les prières des musulmans. Ça commençait à l'aube. J'en avais parlé au directeur de la Santé, qui m'avait répondu : "Écoutez, monsieur Schuller, j'ai 86 % de la population qui est musulmane, donc je n'ai pas le choix. Qu'est-ce que vous feriez à ma place ?" Donc, à 5 h 30, j'étais réveillé, j'avais l'impression d'être en Arabie Saoudite. »

Le bon vivant et fin gourmet Schuller doit s'adapter à un autre monde, à des années-lumière des paradis tropicaux…

Le décalage est rude.

« La bouffe n'était vraiment pas bonne, mais on pouvait faire nos trucs dans notre coin, donc ça allait. Je ne voulais pas "cantiner" parce que, dans l'avion du retour, un franc-maçon, croisé par hasard alors que je sortais des toilettes, m'avait dit de faire gaffe.

214

Il m'avait laissé entendre que Méry, décédé en 1999, avait été empoisonné lors de son séjour en prison afin de déclencher le cancer qui l'a emporté. »

Paranoïa ? En tout cas, par précaution, Didier Schuller ne fera « jamais venir de plats cantinés spécifiques avec marqué Schuller dessus ». Il va surtout manger des produits frais, pas mal de thon en boîte, et des pâtes, beaucoup de pâtes. « J'avais même réussi à trouver du parmesan. Il y a des mecs qui font venir de la drogue en prison, moi je faisais entrer du parmesan ! » Pour s'occuper, l'ancien élu achève l'écriture de l'ouvrage qu'il avait commencé en 1995, au début de son exil.

Clin d'œil du destin sans doute, à la Santé, dans le quartier VIP, Schuller va cohabiter avec deux autres célèbres détenus parfaitement au fait de certaines pratiques inavouables du parti de Jacques Chirac et de son chef lui-même : Alfred Sirven et Maurice Papon. « C'est marrant, je suis tombé sur deux mecs en prison qui m'ont parlé du château de Bity [propriété corrézienne de Jacques Chirac] : Maurice Papon, en tant qu'ancien trésorier de l'UDR, m'a expliqué qu'il avait fait un prêt personnel à Chirac pour les travaux… Et Alfred Sirven, ex-dirigeant du groupe Elf, m'a confié que la compagnie pétrolière avait aussi discrètement financé des travaux dans le château de Chirac ! »

Schuller va passer vingt-quatre jours, du 7 février au 1er mars 2002, dans l'intimité des deux hommes. « Sirven était juste à côté de moi. À deux portes, il y avait

Papon. Et juste à côté, il y avait la cellule de Jacques Crozemarie, le type qui avait détourné les fonds de la recherche contre le cancer. Ça, ça me choquait vraiment. D'ailleurs, il était blacklisté par les autres détenus. Moi-même, je n'avais pas très envie de serrer la main d'un mec qui avait piqué la thune des cancéreux. Encore une fois, il y a une éthique. Même Sirven considérait que c'était scandaleux ce que Crozemarie avait fait. »

Didier Schuller se prend en revanche de sympathie pour un ancien policier, incarcéré pour avoir tué avec son arme de service sa compagne, qu'il venait de surprendre dans le lit conjugal avec... une autre femme. « Il me faisait de la peine et en même temps je ne comprenais vraiment pas qu'il ait pu en arriver là. Moi, à sa place, j'aurais sauté avec délice dans le lit ! » explose-t-il dans un rire gras.

Maurice Papon est un cas à part. L'ancien secrétaire général de la préfecture de Gironde sous Vichy purge alors une peine de prison ferme pour « complicité de crimes contre l'humanité ». Schuller attendait le moment de le rencontrer depuis que son retour en France était devenu inéluctable : « Je savais que Papon était à la Santé, et que si j'allais au trou, j'avais toutes les chances de me retrouver avec lui. Et vu l'histoire de ma famille, c'était quand même quelque chose de fort... »

Quand il est incarcéré, Schuller apprend que Papon, alors âgé de 91 ans, ne quitte plus sa cellule. Désireux de lui parler, Schuller convainc un autre policier détenu, très costaud, de porter Papon jusque dans la cour de promenade réservée aux VIP. « Une fois face à lui, se souvient Schuller, je lui lance une tirade que je connaissais presque par cœur, depuis le temps que j'espérais vivre ce moment : "Bonjour, Monsieur le Ministre. Je me suis un peu préparé à vous rejoindre. Je me doutais bien qu'il y avait de grandes chances de me retrouver dans la situation dans laquelle je suis. J'aimerais qu'on parle. Je ne sais pas si vous le savez, mais je vous précise que le père et la sœur de ma mère ont été assassinés à Sobibór et que la mère de ma mère a été tuée pendant la Nuit de Cristal. Malgré mon exil et les difficultés de communication, j'ai suivi votre procès et je ne comprends toujours pas que vous ayez accepté que votre avocat vous mette pratiquement à la place de Pétain ou de Bousquet." C'est vraiment ce que je pensais. Honnêtement, mettre au trou un mec de 90 ans… Qu'est-ce qu'il a fait de plus que l'ensemble du corps préfectoral français ? Mais je lui ai fait un reproche : "Comment avez-vous pu ne pas présenter vos excuses aux victimes ? Ça, je ne l'accepte pas. Comment assumez-vous ?" Il m'a juste répondu : "J'ai fait mon devoir. J'ai fait mon devoir de fonctionnaire." Et c'est vrai, finalement. Je considère qu'il a eu un rôle minime. Je pense que Papon aurait mérité le même traitement que Dreyfus, sauf que lui était totalement innocent ! Pas le bagne, mais qu'on lui arrache ses décorations. Je le lui ai dit, d'ailleurs. Il n'a rien répondu. » Finalement, les deux hommes en viennent à sympathiser. Papon procure même à

Schuller, grand amateur de fromage, un saint-nectaire « absolument exceptionnel », selon ses dires. De quoi améliorer l'ordinaire…

« Cette rencontre a été assez passionnante dans la mesure où ça a occupé une partie de ma détention : il m'a donné plein de documents à lire, des archives susceptibles d'éclairer sa défense. » Le plus cocasse est que les deux hommes s'étaient rencontrés, plus de vingt ans auparavant, à la fin des années 1970, lorsque Papon était ministre du Budget (avril 1978-mai 1981) de Giscard d'Estaing. « J'avais eu l'occasion de chasser avec lui en Écosse. On avait été invités à une chasse organisée par le fameux héritier des supermarchés, le type au cœur de l'affaire Boulin. Cette chasse m'avait marqué. On jouait au bridge le soir avec Papon. À l'époque, on ne savait rien de son passé. J'avais pas mal discuté avec lui. Il me semblait très courtois, l'un de ces barons du gaullisme que j'ai beaucoup fréquentés, notamment à l'UDR quand j'étais chargé des mouvements associés. »

À en croire Schuller, Papon considérait que Chirac l'avait « complètement lâché ». « Papon m'a dit : "Chirac utilise mes ennuis avec la justice pour améliorer ses relations avec la communauté juive française." Et c'est là qu'il m'a sorti : "Il n'a pas la moindre reconnaissance pour tout ce que j'ai pu faire pour lui : en tant que trésorier de l'UDR, je lui ai quand même consenti un prêt personnel pour financer les travaux de son château." Sans préciser si Chirac avait remboursé ou pas. Il me semble que c'était 300 000 francs. Il était vraiment fou furieux contre Chirac ! Il m'avait même lancé à son propos : "Je ne souhaite pas recevoir une grâce d'un tel personnage." C'est dire quel était son état d'esprit. »

Si Schuller rapporte n'avoir « jamais eu de discussion sur la mort avec Papon », tel ne fut pas le cas avec son autre célèbre voisin, Alfred Sirven. « Il avait des problèmes cardiaques et se disait certain de mourir à la Santé. »

Lui non plus n'était pas un inconnu pour Schuller, qui l'avait rencontré à la fin des années 1980 au conseil général des Hauts-de-Seine. « Il venait aux vœux de Pasqua. Je ne sais plus qui me l'avait présenté, j'avais bavardé un peu avec lui, j'avais trouvé que c'était un type très sympathique. Il m'avait été présenté comme le numéro deux d'Elf, le bras droit de Loïk Le Floch-Prigent. En prison, Sirven était ravi d'avoir à côté de lui un proche de Pasqua. Donc on a eu de très longues conversations. Je lui faisais la bouffe le soir. »

Les deux hommes se lient rapidement d'amitié, passent beaucoup de temps ensemble, avec la complicité de quelques gardiens…

« Dans ma carrière administrative et politique, j'avais rendu service à Force ouvrière, j'ai toujours bien aimé ce syndicat. D'ailleurs, à l'office HLM des Hauts-de-Seine, on avait embauché deux permanents de FO. Et on ne leur demandait pas de venir ! C'étaient de purs emplois fictifs. Donc, quand je suis arrivé à la prison, j'ai eu l'occasion de demander à un des surveillants qu'il transmette mes amitiés au patron de FO, Marc Blondel. Je le lui avais demandé, car je savais qu'il militait à FO-pénitentiaire. Alors, je ne sais pas si c'est grâce à ça mais, en semaine, Sirven et moi, on nous laissait nous déplacer librement l'un chez l'autre, le matin du retour de la promenade jusqu'à 11 h 30 et l'après-midi du retour de la promenade jusqu'à la fermeture des cellules, à 18 h 30. » Chargé rituellement de préparer le dîner, Schuller cuisine plutôt chez Sirven, qui a la chance de disposer d'un réchaud électrique, privilège rare. « Je faisais des super pâtes pour Sirven et Papon. Et Sirven, lui, me filait des cigares magnifiques. On buvait des bières sans alcool. »

Du coup, Sirven se confie beaucoup à son nouvel ami, d'autant que les deux hommes découvrent, hasard extraordinaire, que leurs pères avaient eux-mêmes sympathisé, plusieurs décennies auparavant, passant même leurs vacances ensemble à Biarritz, écumant les casinos...

Même les circonstances de leurs fuites respectives contribuent à les rapprocher.

Le 1er mars 2001, de retour des Philippines où il s'était réfugié pour échapper aux juges du dossier Elf, Sirven avait ainsi déclaré sur procès-verbal à l'un d'entre eux, Renaud Van Ruymbeke : « Cette affaire [Elf] ayant pris les dimensions d'une véritable affaire d'État, il m'a été vivement conseillé de m'éloigner. En retour, il m'a été assuré que je pourrais séjourner à l'étranger sans risque particulier en dépit des mandats d'arrêt, ce qui fut effectivement le cas pendant deux ans. » Encore plus troublant, Sirven avait confié au magistrat qu'« on » lui avait notamment suggéré de s'exiler aux... Bahamas.

Présenté régulièrement par la presse comme l'homme pouvant « faire sauter vingt fois la République », Sirven, devant ses juges, que ce soit au cours de l'instruction ou lors du procès, va se refuser au grand déballage. « L'homme qui en sait trop », pour reprendre le titre de l'ouvrage que lui ont consacré Gilles Gaetner et Jean-Marie Pontaut (Grasset, 2000)... n'en a pas dit assez, c'est un euphémisme. Il a emporté ses secrets dans sa tombe. Précisément ce que se refuse à faire Didier Schuller.

S'il ne s'est pas épanché auprès des magistrats, l'ancien dirigeant du groupe pétrolier s'est montré beaucoup plus loquace avec son compagnon d'infortune.

« Le soir, dans ma cellule, je recopiais sur un petit cahier tout ce que Sirven m'avait dit dans la journée, relate Schuller. Il m'a raconté énormément de choses sur Elf. Il m'a dit combien il s'était mis de côté, c'est-à-dire à peu près 350 millions de francs. Mais, bon, tout le monde savait très bien qu'Elf était une machine à cash absolument phénoménale, notamment au niveau politique. Il y a un certain nombre de pompes à fric comme ça. Dans le temps, c'étaient les grandes surfaces. » Encore une fois, Schuller exhume d'une vieille chemise jaunie les archives de son séjour à la Santé, ces feuillets sur lesquels figurent certaines confidences d'Alfred Sirven. Il brandit même un vieux numéro du *Canard enchaîné*, du 20 février 2002, tamponné par l'administration pénitentiaire « Sirven 1132 », l'exemplaire réservé à l'ancien responsable d'Elf...

D'après Schuller, Sirven était « extrêmement remonté » contre le successeur de Loïk Le Floch-Prigent, Philippe Jaffré, nommé par Édouard Balladur en 1993 PDG d'Elf-Aquitaine, où il restera jusqu'en 2000, avant de décéder sept ans plus tard. « Sirven m'a raconté que Jaffré avait payé une partie de la campagne de Balladur, en 1995, qu'il y avait eu notamment un très gros versement via un dirigeant africain. Donc il y a beaucoup d'argent d'Elf qui a servi à payer la campagne de Balladur, Sirven était plus que formel sur ce point. Il n'y a pas seulement eu les fonds secrets et les ventes d'armes, comme l'affaire de Karachi l'a fait apparaître. Ce qui est assez logique d'ailleurs, parce que sinon, à part les Hauts-de-Seine, sur quoi Balladur peut-il se reposer à l'époque, puisque Chirac avait la main sur le RPR et la mairie de Paris ? Sirven m'avait dit les sommes exactes qu'il avait données pour la campagne de Balladur. De mémoire, c'était de l'ordre de 20 millions de francs. En espèces. » Des révélations confirmées par Charles Pasqua, alors l'un des principaux soutiens du candidat Balladur. « Philippe Jaffré avait fait la tournée des chefs d'État africains afin de trouver de l'argent pour financer la campagne de Balladur, c'est exact. Vous savez, une campagne présidentielle, ça coûte très cher... De toute façon Balladur n'a aucun charisme et n'aime pas les gens, il ne pouvait pas être élu. »

De manière assez stupéfiante, un autre témoin de choix rencontré au cours de notre enquête va nous livrer une confidence confortant celles rapportées par Schuller. Il s'agit tout simplement de Serge Portelli, l'un des juges chargé de l'enquête sur les malversations commises à l'office HLM des Hauts-de-Seine. Aujourd'hui président de chambre au tribunal correctionnel de Paris, membre actif du Syndicat de la magistrature, très engagé à gauche, l'ancien juge d'instruction relate : « Lorsque le procureur du Val-de-Marne a ouvert l'information judiciaire sur l'OPDHLM, le président du tribunal de Créteil m'a convoqué dans son bureau pour m'expliquer que même si j'étais le doyen des juges et que j'avais des compétences en matière financière, il ne pouvait pas me nommer seul sur ce dossier, qu'il allait désigner Philippe Vandingenen, et qu'en plus mon collègue serait numéro un, c'est-à-dire le chef d'enquête. Lorsque je lui ai demandé les raisons de ce choix, il m'a répondu : "À cause de ton frère." Ça m'a beaucoup agacé. » Il est vrai que le frère du magistrat, Hugues Portelli, sénateur UMP du Val-d'Oise depuis 2004, était déjà connu pour son engagement à droite. Ironie de l'histoire, ce dernier a même participé activement à la campagne présidentielle... d'Édouard Balladur, en 1995 ! « C'était l'un de ses plus proches conseillers, relève Serge Portelli. Il s'occupait des sondages. » De fait, dans un article du 26 mai 1995, *Libération* soulignait « la présence de vrais spécialistes de l'opinion dans l'entourage des trois grands candidats : Gérard Le Gall auprès de Jospin, Hugues Portelli chez Balladur et Frédéric de Saint-Sernin pour Chirac ». Et Serge Portelli de révéler : « Mon frère m'a depuis confié comment les espèces circulaient sans arrêt à l'époque au QG de campagne. Lui-même, comme la plupart des conseillers de Balladur, était toujours payé en liquide. On comprend mieux d'où venait l'argent aujourd'hui... Mon frère m'a même dit être étonné de ne jamais avoir été interrogé par les juges de l'affaire de Karachi. » Hugues Portelli conteste pourtant avoir tenu ces propos à son frère : « Je n'ai pas touché d'argent liquide à l'époque, affirme le maire (UMP) d'Ermont. J'ai bien travaillé, environ un an, pour la campagne d'Édouard Balladur, mais je l'ai fait bénévolement. » Il reconnaît toutefois qu'au même moment, il était « chargé de mission au cabinet de Balladur à Matignon », ce qui signifie que le candidat Balladur bénéficiait des prestations d'un conseiller rémunéré sur des fonds publics. Prudent, Hugues Portelli tient aussi à préciser que si lui n'a « rien vu de suspect, cela ne signifie pas qu'il ne s'est rien passé. S'il y a eu des malversations, elles ne sont pas passées par moi, c'est tout. De toute façon, jusqu'en 2007, aucune campagne présidentielle n'était transparente. Alors, ce qu'il s'est passé exactement au moment de la campagne de Balladur en 1995, on ne le saura sans doute jamais. »

En prison, Alfred Sirven parle aussi à Didier Schuller de Jacques Chirac. Et beaucoup d'André Tarallo, le « Monsieur Afrique d'Elf ». « Tarallo a pris sept ans, il est resté trois semaines à l'hôpital de Fresnes puis a obtenu une grâce médicale. Personne n'est jamais revenu sur les conditions de cette grâce. Au moment où nous on était au trou, lui vivait paisiblement dans son château en Corse. Ça, Sirven, ça l'agaçait, c'est le moins que l'on puisse dire. Il l'expliquait en disant que Tarallo, avec l'argent d'Elf, avait financé les travaux du château de Bity. Et il avait gardé les factures, donc il pouvait faire du chantage. Sirven n'a pas pu faire la même chose parce qu'il n'avait pas de preuves aussi précises. Et puis ce n'était pas dans sa mentalité. Sirven disait souvent : "J'ai de quoi faire sauter la République." À mon avis, il en jouait beaucoup mais ce n'était pas forcément exact. Tarallo, lui, aurait pu faire sauter la République. Il serait intéressant de savoir pourquoi il a fait si peu de prison. Pourquoi, alors qu'Éric Woerth était à Bercy, il a bénéficié en 2009 d'une remise de plus de 6 millions d'euros du fisc à qui il devait une fortune... » Éric Woerth nous a indiqué le 29 août, par mail, les circonstances dans lesquelles M. Tarallo aurait pu obtenir un traitement de faveur : « Le cabinet avait reçu un courrier des avocats de Tarallo. Ce courrier n'a pas été porté à ma connaissance et a été transmis sans instruction directement à l'administration fiscale pour traitement. Je ne connais pas la nature des décisions prises sur ce dossier. » Une chose est certaine, condamné par la cour d'appel de Paris, Tarallo n'a effectué que quelques semaines de prison, puis a été libéré pour « raisons médicales ». Pour payer ses dettes fiscales, il a revendu sa villa en Corse, rachetée par Martin Bouygues. Il devait 24,6 millions d'euros au fisc, et a bénéficié d'une remise en 2009 de 6,2 millions. Aujourd'hui âgé de 87 ans, André Tarallo, qui passe sa vie entre son appartement parisien et sa villa corse, a préféré ne pas s'exprimer. En revanche, son conseil, Me Pierre Bénoliel, qui connaît tous les dessous de l'affaire Elf, s'est montré loquace. « Laisser entendre que mon client aurait bénéficié de faveurs en échange de son silence est totalement faux, assure-t-il. M. Tarallo n'a bénéficié d'aucune protection, il s'est défendu tout seul. Il a même été lâché par tout le monde, de Jaffré à Bongo en passant par Chirac. » L'avocat concède toutefois que son client « avait reçu au début de l'affaire des assurances des chiraquiens. Chirac a eu peur que le système explose et lui retombe dessus. Ensuite, des émissaires ont tenté d'entrer en contact avec M. Tarallo, mais il n'a rien voulu entendre. Il est resté sourd à toute pression. Et s'il a été remis rapidement en liberté, c'est vraiment parce que son état de santé le nécessitait. Quant à la remise fiscale dont il a bénéficié, elle n'a rien de suspecte. Lorsque les sommes sont importantes, le fisc, comme les douanes, est autorisé par la Loi à discuter avec les contribuables afin de trouver un terrain d'entente. Aucune faveur n'a été accordée à André Tarallo ». « Par ailleurs, reprend Schuller, Sirven m'a beaucoup parlé de l'achat par Elf sur ordre de Mitterand de la maison de son médecin, le Dr Laurent Raillard, à Louveciennes. Il m'a aussi raconté avoir donné de l'argent pour aider Jack Lang à gagner une élection... »

Étonnement de Schuller lorsqu'il entend prononcer le nom de cet ancien ministre de Mitterrand. Il relance la conversation. Après tout, on est entre taulards, entre affranchis, il n'y a pas de raison que Sirven raconte des bobards. « Ça se passait dans un appartement, rue Raynouard, à Paris. Sirven lui apporte une valise pleine de billets. Jack Lang regarde la valise, compte les liasses et lui dit : "Est-ce que c'est possible d'en avoir encore plus ?" Et il lui a donné de l'argent plusieurs fois, de plus en plus, 500 000 francs, 700 000 francs, 1 million... » « À l'évidence, ajoute Schuller, Sirven a corrompu pas mal de politiques, mais il ne parle pas d'eux avec mépris parce qu'il reconnaît volontiers qu'il est lui-même corrompu. Il ne fait pas la morale. Il se marre. Ce qui le fait rigoler, par exemple, c'est de rapporter cette anecdote : Mitterrand va dîner chez Raillard, à Louveciennes, avec Pasqua et Sirven. Mitterrand part le premier parce qu'il est malade, il est fatigué. Ensuite Sirven accompagne Pasqua vers sa bagnole, et là, Pasqua lui lâche à propos de Mitterrand : "Il est encore plus mafieux que nous, celui-là." Sirven évoquait souvent Pasqua dans nos conversations, mais en revanche, il ne m'a jamais dit lui avoir donné de l'argent. Charlie a sans doute beaucoup de défauts mais d'après ce que j'en ai vu, ce n'est pas un homme d'argent. » Ce dernier opine avec humour : « Je suis l'un des rares hommes politiques à avoir moins d'argent après sa carrière qu'avant ! Et pourtant, ce ne sont pas les occasions qui ont manqué. » S'il admet avoir connu Sirven, « un type très hâbleur » l'ancien ministre assure n'avoir « jamais déjeuné avec lui et Mitterrand ».

De sa rencontre avec Alfred Sirven, Didier Schuller a conservé le souvenir d'un homme « très amer, qui avait des coups de cafard ».

Un homme resté silencieux, aussi, devant la justice. « Pourquoi n'a-t-il pas parlé ? D'abord, il l'aurait peut-être fait en appel, estime Schuller. On ne saura jamais, il n'en a pas eu le temps, il est mort avant. » Placé en libération conditionnelle en mai 2004, Alfred Sirven a succombé le 12 février 2005 à un malaise cardiaque. « Et puis, ajoute Schuller, Sirven ne voulait pas passer pour une balance. Il avait une sorte d'éthique. C'est comme moi, quand le juge d'instruction me propose de résilier mon contrôle judiciaire en échange de révélations. Et là je lui réponds : "Écoutez, est-ce qu'on peut hâter le transfert en prison ?" Je n'aime pas beaucoup le chantage… »

Quel crédit apporter aux confessions *post mortem* d'Alfred Sirven rapportées par Didier Schuller ? Beaucoup, à en croire un homme pour qui Elf et Sirven ont très peu de secrets, et qui a accepté, pour les besoins de cette enquête, de passer à son tour « à confesse ». Ancien PDG d'Elf-Aquitaine (de juin 1989 à août 1993), Loïk Le Floch-Prigent, revenu de tout, notamment de séjours en prison, se dit lassé par « l'extraordinaire hypocrisie des politiques. Ils ont besoin de beaucoup d'argent pour faire campagne, exercer leurs mandats, vivre, tout simplement... Il serait temps de le reconnaître ». Alors, un matin orageux de juin 2013, dans une brasserie proche de la place de l'Étoile, « Le Floch », usé par des dizaines de mois de détention, s'est approché, en boitillant. Et il s'est confié. Longuement. On lui a rapporté les propos prêtés par Schuller à Sirven. Il a souri faiblement. « Tout cela est rigoureusement exact, je peux en témoigner. » Il commence par une anecdote. « C'était peu après la présidentielle de 1995. J'étais alors patron de Gaz de France, où j'avais été recasé après mon éviction d'Elf à l'été 1993. » Effectivement, jugé peu « sûr » par les balladuriens qui venaient de prendre le pouvoir, Le Floch-Prigent avait été contraint d'abandonner la gestion d'Elf et de ses bénéfices faramineux à Philippe Jaffré, un proche du nouveau Premier ministre. « J'ai été convoqué à la mairie de Neuilly par Nicolas Sarkozy, qui était encore sonné par la défaite de son mentor, glisse Le Floch-Prigent. Il était préoccupé, il voulait savoir ce qu'il s'était réellement passé pendant la campagne présidentielle, si Balladur avait été financé par Elf ou pas. Je lui ai répondu qu'il n'avait qu'à demander à son ami Nicolas Bazire, car c'est lui qui s'était occupé de ça. » M. Sarkozy dément avoir rencontré M. Le Foch-Prigent. « D'ailleurs, selon Me Herzog, quel aurait été son intérêt de le faire ? » Selon Loïk Le Floch-Prigent, qui était informé à l'époque par Alfred Sirven, « Balladur n'était pas content de Jaffré qu'il avait installé à ma place pour financer sa campagne. Il estimait qu'il ne donnait pas assez. J'ai même su que Jaffré s'était engueulé avec Bazire à cause de ça. D'après Sirven, les transferts d'argent entre Elf et la campagne de Balladur s'étaient élevés à environ 20 millions de francs ». Soit le montant évoqué par Schuller. Toujours d'après Le Floch-Prigent, « il s'agissait de sommes en espèces. Et c'est Bazire, directeur de cabinet à Matignon et directeur de la campagne de Balladur, qui s'occupait de cela. J'ai d'ailleurs en mémoire une anecdote étonnante : c'était juste avant l'élection, en 1995, je me baladais au Louvre des antiquaires. Et là, je suis tombé par hasard sur Bazire, en pleine transaction, une valise pleine de billets à la main ».

Des déclarations-chocs qui viennent compléter et préciser celles, pleines de sous-entendus, qu'avait livrées il y a douze ans l'ancien patron de la SNCF au journaliste Éric Decouty, dans un ouvrage d'entretiens (*Affaire Elf, affaire d'État*, Cherche-Midi, 2001) : « En 1993, mon successeur à la tête d'Elf, Philippe Jaffré, [...] arrive pour aider la candidature aux élections présidentielles d'Édouard Balladur. [...] Au passage, il s'agit également de couper un certain nombre de vivres à Jacques Chirac », assurait, elliptique, Loïk Le Floch-Prigent.

S'agissant d'André Tarallo, là encore, Le Floch-Prigent confirme totalement la version présentée par Didier Schuller. « Le financement du château de Bity, c'est une goutte d'eau. Pour l'avoir vécu moi-même, je peux en attester : Tarallo a payé la carrière de Chirac, par différents biais, notamment l'argent donné par Elf au président du Gabon, Omar Bongo, qui en redonnait une partie à Chirac. Et comme Tarallo s'occupait de l'Afrique, il détenait en effet beaucoup de documents, ce qui lui a sans doute épargné un long séjour en prison. » Si, on l'a vu, l'avocat de M. Tarallo conteste que son client ait bénéficié d'un traitement privilégié, il abonde toutefois dans le sens de Schuller et Le Floch-Prigent sur l'essentiel : « Tarallo n'a jamais versé un centime à Chirac, pour une raison toute simple : les fonds qui arrivaient à Chirac passaient par Bongo directement, affirme Me Benoliel. On sait que Chirac a toujours vécu avec du cash. Une bonne partie provenait du président du Gabon, son grand ami. Si le château de Bity a été rénové sur des fonds inconnus, cela a dû passer par la même filière. De manière générale d'ailleurs, l'argent versé par Elf aux politiques français passait par les chefs d'État africains. Je me souviens que l'enquête judiciaire avait fait apparaître tout un tas d'établissements financiers créés par Alfred Sirven et dont, pour certains, on ne connaîtra sans doute jamais les ayants droit. Le système était très au point. Un modeste employé d'Elf avait la signature, mais en fait c'était un chef d'État africain le véritable bénéficiaire, charge à ce dernier de redistribuer une partie de l'argent à des décideurs français. La plupart du temps, ces comptes étaient ouverts au nom d'anstalts basées au Liechtenstein. » Loïk Le Floch-Prigent confirme aussi que la compagnie pétrolière mit des fonds à la disposition de Jack Lang : « C'était même l'un des plus gourmands. Mais encore une fois, la plupart des politiques sont comme ça ! » Contacté, Jack Lang a déclaré n'avoir « jamais rencontré Alfred Sirven ». « Il ne m'a donc évidemment jamais remis de fonds. J'oppose le démenti le plus formel à ces allégations », ajoute l'ancien ministre de la Culture. M. Lang reconnaît en revanche qu'il connaissait le président de la compagnie pétrolière. « Lorsque j'ai été élu maire de Blois [il a été maire de 1989 à 2000], M. Le Floch-Prigent m'a aidé, via une fondation créée par Elf, à restaurer le château de la ville. En plus de cette contribution, il a dû faciliter des investissements susceptibles d'aider au développement économique de la commune. Par ailleurs, il est possible, mais je ne m'en souviens plus exactement, que Elf ait contribué au financement de ma campagne pour les législatives de 1993. Mais à l'époque, la Loi autorisait le financement des campagnes par des particuliers ou des entreprises. » L'aide – de 500 000 francs – accordée en janvier 1993 par Elf à la réhabilitation du château de Blois avait intrigué, en 2000, les juges d'instruction chargés de l'enquête sur les malversations opérées par le géant pétrolier. À l'époque, l'ancien délégué général de la fondation Elf, Éric de Belleval, entendu en qualité de témoin par les magistrats, avait déclaré à *L'Est Républicain* : « Nous avons agi sur ordre de M. Sirven. Nous n'avions donc pas à nous interroger sur l'opportunité de répondre favorablement ou non à la demande de subvention. Quand Sirven demandait quelque chose, il fallait l'exécuter tout de suite. » Sur ce point, l'enquête n'a pas été plus loin. À aucun moment M. Lang n'a été mis en cause par les juges de l'affaire Elf. « Arrêtons de nous voiler la face, continue Loïk Le Floch-Prigent. Je me rappelle d'un futur ministre du gouvernement Balladur venant me voir pour me dire : "Je marie ma fille, pourriez-vous m'aider ?" Il avait besoin d'argent. Et c'est Sirven qui a payé… » L'ancien ministre en question, contacté téléphoniquement, a vivement démenti cette accusation. « Lorsque je suis arrivé à la tête d'Elf, reprend Loïk Le Floch-Prigent, j'ai trouvé qu'il y avait quand même beaucoup de gens de droite qui touchaient, surtout du RPR. Mais des socialistes prenaient des enveloppes aussi. Et dire que celui qui donnait les enveloppes aux politiques, un cadre d'Elf-Aquitaine, n'a même jamais été convoqué… » Sur ces mots, où l'amertume le disputait au fatalisme, on a laissé, devant un thé vert, cet autre acteur majeur de la « French corruption ».

XIX

« Jacques Chirac empile
les grosses coupures dans son coffre-fort,
à la mairie de Paris, en sifflotant
La Marseillaise ! »

Didier Schuller l'admet sans peine, lorsque Sirven lui fit part de sa rancune envers Tarallo, comme Papon de la sienne vis-à-vis de Chirac, « cela a évidemment fait écho » en lui. Il n'a pas apprécié les déclarations de Chirac assurant sur TF1 le 11 février 2002 n'avoir « jamais entendu parler » ni même avoir rencontré l'ancien conseiller général de Clichy ! « Je me suis peut-être trouvé dans un endroit avec lui mais je ne le connaissais pas personnellement », osa le chef de l'État.

De quoi perdre son sang-froid, en effet...

« Mais j'avais décidé depuis le départ de regarder vers l'avenir et non le passé, philosophe Schuller. J'ai toujours eu un principe dans la vie : je fais face aux choses quand elles se présentent. Moi, je me suis retrouvé en position de fusible. Une fois qu'on est le fusible, ou on décide de foutre le feu à la grange, ou on ferme sa gueule et on brûle dans son coin : c'est ce que j'ai fait. »

Du coup, à sa sortie de prison, si Schuller fait, de son propre aveu, « une déclaration publique assez sévère à l'égard de Chirac », il ne livre aucun détail. « Je l'ai bien allumé, tout en ne disant rien », s'amuse-t-il. Mais les événements auraient pu tourner autrement. Car à son retour forcé en France, Schuller avait bien dans l'idée de faire tomber Chirac…

Remis en liberté le 1er mars 2002, Didier Schuller met la dernière main à la rédaction de son livre. Surtout, il prépare, à sa façon, l'élection présidentielle, dont le premier tour est prévu le mois suivant. « Mon objectif était clairement de faire perdre Chirac, avoue-t-il. Il était prévu que je fasse de grandes déclarations entre les deux tours. L'idée, c'était d'expliquer lors d'une conférence de presse un certain nombre de choses sur le financement du RPR. Cela aurait été très spectaculaire. Parce que je sais tout. Même si je ne participais pas aux commissions d'appels d'offres, je peux dire comment ça fonctionnait, quand même ! Ça ne s'est pas fait parce qu'il n'y a pas eu de second tour. Le bug, c'est la présence de Jean-Marie Le Pen, entraînant l'élimination de Lionel Jospin. »

Pour Schuller, les déclarations qu'il avait préparées auraient constitué « une forme de règlement de comptes, destiné à rattraper mon erreur, lorsque j'ai pris la fuite en 1995. Je reste convaincu encore aujourd'hui que c'est à cause de moi si Chirac est devenu président de la République, et je m'en veux. Parce que, quels que soient les défauts du personnage, Jospin aurait été un bien meilleur chef de l'État que Chirac ».

Schuller s'est toujours demandé si son retour n'avait pas donné des idées à certains ténors du Parti socialiste. La proximité entre son conseil, Me Jean-Marc Fedida, et le député de Saône-et-Loire Arnaud Montebourg, lui-même ancien avocat, qui a longtemps poursuivi Jacques Chirac de sa vindicte sur le thème des « affaires », pouvait de fait nourrir les interrogations. Un soupçon dont firent part ouvertement plusieurs responsables du RPR, mais qu'aucun élément n'est jamais venu étayer. « S'agissant d'éventuels contacts entre Didier Schuller et le Parti socialiste, j'en doute. De ce que je sais en tout cas, il n'y a eu aucun contact politique à l'occasion de son retour en France », assure aujourd'hui Me Fedida. Arnaud Montebourg, actuel ministre du Redressement productif, dément avoir été en contact avec Didier Schuller à l'époque : « Je n'en ai aucun souvenir, dit-il. Ni de près ni de loin. Je n'ai jamais rencontré Didier Schuller. Et par l'intermédiaire de qui cela aurait-il pu se faire ? »

« Une chose est certaine, révèle Schuller, j'avais un plan, lié notamment à la sortie de mon bouquin, début avril. Mais rien ne s'est déroulé comme je le pensais. D'abord, les médias ont complètement sabré la promotion du livre, publié le 5 avril 2002, trois semaines avant le premier tour. Par exemple, je devais faire l'émission de Thierry Ardisson, *Tout le monde en parle*, sur France 2. Ardisson a téléphoné à mon éditeur pour dire : "Je suis désolé, je ne peux pas le recevoir, j'en ai reçu l'instruction de la direction générale de la chaîne." J'ai été censuré comme ça absolument partout. L'attachée de presse de Chirac a téléphoné à tous les médias pour empêcher mes interviews. Ça m'a été directement rapporté. » Difficile de vérifier la réalité du « blackout » évoqué par Schuller. Sollicité, Thierry Ardisson n'a pas souhaité s'exprimer. Son attachée de presse, Françoise Doux, nous a indiqué par texto, après s'être renseignée auprès de l'animateur : « Il m'a répondu [que] France 2 ne lui avait rien demandé de spécial. Donc il n'a rien à raconter. » Une chose est certaine, Thierry Ardisson n'a pas boycotté Didier Schuller, puisque ce dernier fut l'invité de Tout le Monde en Parle – plusieurs mois après la présidentielle, certes – le 28 septembre 2002. Revoir cette émission est d'ailleurs assez instructif. On y entend Schuller répondre à l'animateur, qui s'étonnait de certains de ses silences : « Si on veut entendre que j'ai apporté de l'argent en liquide au président de la République, je ne l'ai pas fait. » Pur mensonge, on le sait, désormais. Mais à l'époque, Schuller se taisait. Protégeait.

Didier Schuller l'affirme, il avait prévu de sortir l'« artillerie lourde » entre les deux tours. « Mais honnêtement, je pensais que Jospin m'utiliserait avant, pas qu'il me garderait pour le second tour. » Un ouragan nommé Le Pen va donc rendre ce beau plan caduc... « Si j'avais pu faire mes déclarations entre les deux tours, regrette Schuller, j'aurais dit plein de choses. Par exemple que je pouvais confirmer les déclarations posthumes de Jean-Claude Méry puisque, moi-même, j'étais parfaitement informé des remises d'argent liquide dont Jacques Chirac avait été le bénéficiaire. »

Car le « chasseur » Schuller conservait de sacrées munitions dans sa besace. Comme cette scène extraordinaire qui hante sa mémoire. Il la revisite à satiété. Il se revoit, au début des années 90, dans l'immense bureau du maire de Paris, place de l'Hôtel-de-Ville. « Devant moi, Jacques Chirac empile les grosses coupures dans son coffre-fort, à la mairie de Paris, en sifflotant *La Marseillaise* ! J'ai été le témoin direct de cette scène incroyable. Ce jour-là j'avais accompagné Balkany, car c'était lui qui remettait l'argent à Chirac en général. L'argent qu'il a mis au coffre cette fois-là venait d'Oger international, donc de son copain Rafic Hariri. Il y en avait pour plusieurs millions de francs. »

Du coup, Schuller, qui multiplie les interviews à l'approche de l'échéance présidentielle de 2002, se montre à la fois accusateur et évasif, comme s'il hésitait sur la stratégie à suivre. Accusé d'en dire soit trop, soit pas assez, il est alors qualifié par ses anciens amis de maître chanteur. Logiquement, la presse ne l'épargne pas. « Didier la menace », titrera ironiquement en mars 2002 *Le Nouvel Observateur*, l'hebdomadaire stigmatisant, sous la plume de Marie-France Etchegoin, les « fanfaronnades » de l'ancien élu. Dans *Libération* du 1er février 2002, Armelle Thoraval écrit à son propos : « Il menace et tempère. Donne des indications, sans les détails. À quel jeu joue-t-il ? » conclut la journaliste, notant que Schuller manie, « comme d'ordinaire, l'implicite ». « Schuller, le prince de l'insinuation », renchérit *Le Point* du 5 avril 2002…

Histoire de se rappeler au bon souvenir de ses ex-compagnons, il avait déjà, lors de sa cavale, lancé un pétard à la face de son grand copain Balkany, adressant en janvier 1997, comme le révéla *L'Express*, un courrier aux juges Portelli et Vandingenen dans lequel il accusait le maire de Levallois-Perret d'avoir « recruté et fait salarier, en 1994 et 1995, sur le compte de l'Office… le capitaine [de son] yacht ». Mais ses révélations en étaient restées à la dénonciation de ce péché somme toute véniel, au regard de l'« œuvre » de l'empereur de Levallois-Perret…

Une cigarette électronique aux lèvres, Jean-Marc Fedida a accepté, de nous recevoir dans son superbe cabinet du boulevard Saint-Germain, pour nous livrer les dessous du « vrai-faux » déballage auquel se prêta son client voilà plus de dix ans. « Il est exact qu'avec Didier Schuller, nous avions prévu, lors de son retour en France, une mise en cause plus haute, plus véhémente de Jacques Chirac, raconte l'avocat. Mais mon analyse a changé lorsque j'ai pris connaissance du contenu de la procédure, c'est-à-dire juste avant son interrogatoire de première comparution. Là, je me suis aperçu qu'il n'y avait dans le dossier que de dérisoires histoires de surfacturations. Des broutilles qui, au mieux, méritaient dix mois avec sursis. M'est alors apparue l'incroyable forfaiture dont a été victime Didier Schuller. On lui avait fait croire, pour le contraindre à partir, que l'enquête était accablante pour lui et même dans une certaine mesure pour sa compagne, ce qui relevait de la mise en scène ». Me Fedida en est persuadé : « Au regard de ces éléments, rien ne justifiait que Didier Schuller ait dû fuir autant d'années aussi loin. Quand je lui ai donné mes découvertes, il était encore dans la souricière du palais de justice de Créteil. Il n'en revenait pas. Il m'a dit : "Mais il y a bien des éléments sur Heyer, au moins ?" Je lui ai répondu par la négative. Il était vraiment stupéfait et pour le coup notre défense totalement désorganisée. Par ailleurs, indique Me Fedida, j'avais le sentiment que le juge Vandingenen ne souhaitait pas se signaler par une mise en cause de hautes personnalités comme Juppé ou Chirac, sans preuves étayées. Ce magistrat n'est pas une tête brûlée, il procède par jalons et ne franchit pas les étapes sans y réfléchir. Tout cela fait que nous n'avions donc aucun intérêt à jouer les trouble-fête judiciaires. » Me Fedida estime que les accusations de son client auraient pu bouleverser le microcosme politique, et modifier l'ordre établi : « Nous devions notamment dénoncer, exemples à l'appui, "un système mafieux" mis au profit de celui qui était alors président de la République Jacques Chirac... » Le conseil de l'ancien conseiller général ajoute encore à propos de son client qu'« à sa sortie de prison, il n'a pas fait de révélations fracassantes non plus, nous avions encore le rapatriement de sa compagne à gérer, c'était mettre en péril la sérénité de retour que d'aller trompeter dans les journaux ».

« C'est vrai qu'avec le recul, on peut considérer que si Didier Schuller avait fait le choix de parler en 1995 plutôt que de suivre ceux qui lui ont donné le conseil de fuir devant un dossier qui n'était qu'un tigre de papier, le cours de l'histoire en aurait été changé, conclut Me Fedida. Jacques Chirac aurait forcément été impliqué, et n'aurait jamais été en mesure d'emporter l'élection présidentielle de 1995... » Reste une question : pourquoi la procédure aurait-elle été bâclée à ce point ? « Quand Didier Schuller affirme que les juges n'ont trouvé qu'une petite partie de l'iceberg, cela me semble exact, soutient l'avocat. La justice est passée à côté de l'essentiel. Moi qui étais également dans le dossier des HLM de Paris, je peux témoigner qu'à cette époque, dans les bastions du RPR, les marchés publics étaient truqués et servaient de pompes à finances. Didier Schuller a sans doute raison de dire que la justice est passée à côté du noyau du réacteur. Elle a au demeurant tout fait pour cela. Pour l'histoire, cette tranche de vie judiciaire restera un échec honteux. »

Finalement, le 5 mai 2002, Jacques Chirac est réélu dans un fauteuil face à Le Pen. Didier Schuller, lui, se retrouve dans l'impasse politiquement. Et financièrement. Ce qui va le contraindre, du coup, à replonger dans le bain électoral… pour aider Patrick Balkany, quitte à mettre son orgueil dans sa poche.

« J'ai accepté, pour des raisons financières : j'ai quand même une ardoise de 150 000 euros d'amende à payer au Trésor public suite à ma condamnation et pas d'argent. Sans compter une caution de 120 000 euros. En échange de la promesse du paiement de la plus grande partie des fonds que je dois à la justice, j'ai donc filé un coup de main à Balkany pour qu'il soit élu député. Je vais faire campagne pour lui à Clichy, à l'occasion des législatives de 2002, et je vais lui permettre d'être élu, parce qu'il n'a gagné qu'avec quelques centaines de voix d'avance. Concrètement, on peut dire que j'ai fait le tapin à Clichy pour lui ! »

Patrick Balkany s'impose d'extrême justesse à l'issue d'une triangulaire au couteau (il obtient 34,47 % des voix, contre 32,80 % pour Gilles Catoire et 32,72 % pour Olivier de Chazeaux, alors investi par l'UMP). Seul souci : à en croire Schuller, le maire de Levallois-Perret ne tient pas son engagement. « Certes, il me filait de temps en temps 2 000 euros en liquide, pour que je ferme ma gueule, car c'est comme ça qu'il tient les gens. Mais il n'a pas réglé ma caution, alors que ça avait toujours été convenu comme ça. J'ai appris cette année seulement, par un avocat, que ce n'était pas un oubli de sa part. Il voulait me faire payer, c'est le cas de le dire, mon attitude durant la confrontation organisée entre nous deux par le juge. Il avait estimé que je ne l'avais pas assez protégé, un comble… » En tout cas, en novembre 2003, le juge Jean-Paul Albert, qui a succédé quelques mois plus tôt à Philippe Vandingenen, ordonne la réincarcération de Schuller à la Santé, pour non-paiement de caution.

« Je n'avais pu payer que 30 000 euros environ sur les 120 000 prévus. J'ai retrouvé Sirven à la Santé, il était aussi surpris que moi ! » Cette fois, Schuller ne va rester incarcéré que six jours. Car il a immédiatement envoyé un émissaire auprès de Balkany : « Cette personne lui a dit : "Si tu ne payes pas, Didier parle. Si tu sors pas l'argent dans une heure, il crache tout." Au moins, c'était clair. » Il assume aujourd'hui ce chantage.

Il est vrai que Schuller connaît tous les secrets du clan Balkany. « J'aurais par exemple pu évoquer la fois où j'ai accompagné Isabelle Balkany à Zoug, en Suisse allemande, dans une banque où elle avait plus de 10 millions de francs sur un compte, selon elle de l'argent venant de sa famille. Ce devait être en 1994, lorsqu'elle a vendu les parts de la société de son père à son frère. », dit-il.

En effet, dans ses interrogatoires, Didier Schuller s'était bien gardé de mettre en cause précisément le maire de Levallois-Perret. « Je ne m'occupais pas de la passation des marchés publics, avait-il par exemple déclaré au juge Albert le 1er juillet 2003. Je n'assistais pas à la commission des appels d'offres et je ne signais pas les marchés publics, je ne signais aucun document concernant les marchés publics. C'était le directeur général adjoint M. Bourgoin ou le président M. Balkany ». Pas bien méchant, on en conviendra...

L'ultimatum fonctionne. « Balkany a sorti environ 100 000 euros en espèces pour me permettre d'être en règle avec la justice. Pour justifier l'existence du cash, des amis communs, des particuliers, ont fait des chèques à l'administration, compensés par l'argent que leur a remis Balkany en liquide. Les gendarmes ont même fait une enquête car ils ont trouvé ça suspect, mais heureusement, ils n'ont rien trouvé. »

XX

« Balkany me montrait les liasses qu'il devait remettre, via Hortefeux, à Sarkozy. »

Dans les Hauts-de-Seine, qui dit Balkany dit Sarkozy, Schuller n'en disconvient pas. Mais si, à son retour en France, l'ancien fugitif a renoué – momentanément – avec le maire de Levallois-Perret, il n'en a pas été de même avec l'ancien ministre du Budget qui, durant le long exil de Schuller sous les tropiques, a acquis un poids considérable au sein de la droite française. Sarkozy en est devenu de fait le leader, le président Chirac étant de plus en plus affaibli, politiquement et physiquement.

Sans doute ce nouveau statut explique-t-il que le futur chef de l'État ait rapidement pris ses distances avec un Schuller potentiellement si dangereux.

« Une fois que je suis parti, en 1995, je n'ai reçu aucun signe direct de Sarkozy, confirme Schuller. Mais des messages indirects, oui. Via Thierry Gaubert ou

Patrick Balkany. Aux Bahamas puis à Saint-Domingue, j'avais donc des nouvelles de Sarko par l'intermédiaire de certains de nos amis communs. Par affection ? Moi, l'affection, chez tous ces braves gens, je n'y crois pas beaucoup ! Particulièrement avec Sarko. J'étais surtout une bombe volante, y compris pour lui. »

À son retour en France, en 2002, Nicolas Sarkozy ne se manifeste pas non plus, du moins directement. Mais Didier Schuller ne lui en tient pas rigueur, au contraire. « Quand je suis revenu, Sarkozy a été l'un des rares à se comporter plus que correctement à mon égard. Ça se manifestait par des déclarations publiques plutôt sympas, pas comme Juppé par exemple. Plus directement, un autre de nos amis communs, Pierre Charon, me disait que Nicolas Sarkozy me transmettait ses amitiés. Je sortais de prison : on peut comprendre que quelqu'un comme Sarkozy ait été prudent à ce moment-là. Je ne peux vraiment pas lui reprocher de ne pas avoir voulu s'afficher avec moi. »

Les années ont passé. Schuller a été condamné, il a passé quelques semaines en prison, il a assumé ses errements. Seul Balkany, sans doute conscient du potentiel de dangerosité de son ancien copain, lui a accordé un peu d'attention, l'invitant même un soir de décembre 2012 à faire la paix dans le somptueux bar qu'il s'est fait aménager en sous-sol à la mairie de Levallois-Perret, juste au-dessous de son bureau, où trônent diverses photos de son idole « Nicolas »... Dans les volutes de Cohiba hors de prix, les deux hommes ont dégusté quelques whiskies d'exception, discuté du bon vieux temps... Mais le charme était rompu.

Schuller est resté un pestiféré chez les sarkozystes.

Il prend cela avec philosophie.

« Depuis que je suis rentré, j'ai décidé de fermer ma gueule, de faire une croix sur tous les gens qui décidaient de ne pas me rappeler, de ne pas me voir. J'ai sûrement eu tort. Des tas de personnes me le reprochent. Quand Sarkozy est devenu président de la République en 2007, évidemment, je me suis dit qu'il pourrait me rendre de grands services. Mais comme il ne m'a pas téléphoné... Le seul truc que les sarkozystes ont fait pour moi, c'est encore via Pierre Charon. Il m'a obtenu deux ou trois grosses émissions de télé quand j'ai sorti mon bouquin sur Rubirosa en mai 2007. »

Un ouvrage (*Rubirosa, le séducteur du diable*, éditions du Moment) consacré au Dominicain Porfirio Rubirosa, considéré comme l'un des plus grands « tombeurs » du XXᵉ siècle, à la fois agent secret, homme d'affaires et ambassadeur, auquel Didier Schuller s'est semble-t-il largement identifié...

Au moment de l'élection présidentielle de 2012, Didier Schuller a hésité à créer l'événement, à révéler dans la presse tout ce qu'il savait de la face obscure de Nicolas Sarkozy, dont il jugeait le bilan présidentiel calamiteux. Et il s'est ravisé. Une nouvelle fois, il s'est tu. D'abord parce qu'il était convaincu de la victoire de François Hollande. Ensuite parce qu'il redoutait d'éventuelles mesures de rétorsion. Et puis, il a fini par l'admettre, un peu embarrassé, un soir du mois de mai 2013 : il se sentait « redevable » à l'égard de ses anciens amis, dont il était devenu l'obligé. « Il faut être clair, nous confie-t-il, ils me "tenaient" financièrement. Balkany notamment, qui m'a longtemps dépanné après mon retour en France en me donnant du liquide de temps en temps. Ça a duré jusqu'à une période récente… Je n'en suis pas très fier, mais c'est la triste réalité… Mais c'est fini tout ça, je suis libre désormais, je ne dois plus rien à personne. » D'autre part, il a toujours éprouvé des sentiments ambivalents, entre fascination et répulsion, à l'égard de Nicolas Sarkozy, dont il admire l'énergie phénoménale et l'ambition dévorante. Enfin, il ne voulait pas se confier à un journal, faire une interview à la sauvette.

Pour lui, ses « confessions » n'avaient de sens que si elles étaient présentées dans un contexte plus global : dans son esprit, il ne s'agit pas de dénoncer tel ou tel politicien, mais bien d'en finir avec l'hypocrisie générale, mettre à bas un système fondé sur la corruption et le mensonge. Il n'est pas Edmond Dantès métamorphosé en comte de Monte-Cristo, rescapé du château d'If, décidé à se venger. Il voulait simplement raconter. Franchement. Longuement. Faire mettre en scène ses Mémoires.

Seul un livre le lui permettait.

Alors, après bien des tergiversations, Schuller a enfin accepté, au printemps 2013, d'en dire un peu plus sur Nicolas Sarkozy et l'argent. À travers trois hommes clés : Patrick Balkany, Brice Hortefeux et Thierry Gaubert. « Balkany était le chef d'orchestre en quelque sorte. Brice Hortefeux, je le connais depuis 1986, il était le directeur du cabinet de Sarko. C'était déjà le factotum de Nicolas Sarkozy, son véritable homme de confiance. Hortefeux prenait l'argent pour Sarkozy, je le sais. Patrick Balkany, qui a toujours été vantard, me montrait par exemple les liasses de billets qu'il devait remettre, via Hortefeux, à Sarkozy. Je me souviens de Balkany me lançant un jour, après une visite d'Hortefeux : « Tiens, Hortefeux est venu prendre de l'argent pour le Petit. Tout cela se passait dans les années 1980. » Questionné sur ces éventuelles remises d'argent liquide, Me Herzog nous a répondu au nom de Nicolas Sarkozy d'un lapidaire : « Absurde. Est-ce une question ou une insulte ? » L'ancien ministre de l'Intérieur Brice Hortefeux, joint par téléphone, récuse également toute remise d'argent liquide à Nicolas Sarkozy : « Je démens formellement avoir remis des espèces provenant de Patrick Balkany ou de qui que ce soit à Nicolas Sarkozy, dit-il. Penser que Patrick Balkany passerait par quelqu'un pour remettre de l'argent, si tant est que ce soit arrivé, à Nicolas Sarkozy, quand on connaît les liens qui unissent les deux hommes, c'est grotesque et stupide. Franchement, Balkany n'a jamais eu besoin de moi pour accéder à Nicolas Sarkozy. Plus généralement, concernant l'argent, je peux vous dire que Nicolas Sarkozy, lorsqu'il a été maire de Neuilly, aurait pu céder à des tentations, j'en ai été le témoin ! Mais cela n'a jamais été le cas. D'abord par honnêteté, et aussi du fait de son ambition, qui lui interdisait de se compromettre dans ce genre d'histoire. Je vous garantis qu'il n'a pas sombré dans ces pratiques. »

« L'autre homme important pour Sarkozy s'agissant des histoires de fric, c'est Thierry Gaubert, reprend Schuller. » Gaubert, l'ami intime de Schuller et Sarkozy, dont il fut le collaborateur à la mairie de Neuilly-sur-Seine dans les années 1980 puis au ministère du Budget dix ans plus tard. Gaubert, un homme de l'ombre rattrapé par la justice. Il est ainsi mis en examen depuis 2011 dans le volet financier de l'affaire de Karachi. Poursuivi pour « recel d'abus de biens sociaux », « subornation de témoin » et « blanchiment aggravé », il est suspecté d'avoir récupéré d'importantes sommes en espèces, à la demande de Nicolas Bazire (cet autre proche de Nicolas Sarkozy est lui aussi poursuivi dans ce dossier), auprès de l'intermédiaire Ziad Takieddine, afin de financer illégalement la campagne d'Édouard Balladur en 1995. Quant à Brice Hortefeux, mis en relation avec Takieddine par Gaubert, il était à l'époque en charge de la « cellule meetings » du candidat Balladur, et à ce titre susceptible d'avoir eu connaissance de l'apport d'argent liquide provenant des ventes d'armes – ce qu'il réfute formellement. Il a été condamné en marge de cette affaire le 22 novembre 2012 par le tribunal correctionnel de Paris à une amende de 5 000 euros avec sursis pour avoir menacé Me Olivier Morice, un avocat défendant des familles de victimes de l'attentat de Karachi, jugement dont il a fait appel. Par ailleurs, Thierry Gaubert a été condamné le 3 mai 2012 à dix mois de prison avec sursis et 10 000 euros d'amende par le tribunal correctionnel de Nanterre dans le cadre de l'enquête sur le « 1 % logement ». La justice reproche à Thierry Gaubert – qui n'a pas fait appel de cette décision – d'avoir utilisé le Comité interprofessionnel du logement-Habitation française (CIL-HF) qu'il dirigeait pour investir dans des sociétés dans lesquelles il avait des intérêts. L'examen des comptes du *Clichois* fait d'ailleurs apparaître que la publication électorale de Schuller a profité de la prodigalité du CIL-HF, avec l'achat pour près de 150 000 francs d'espaces publicitaires pour la seule année 1992... L'enquête sur les détournements de l'argent du « 1 % logement » s'est déroulée avec, en toile de fond, l'ombre pesante de Nicolas Sarkozy. Dans notre ouvrage *Sarko m'a tuer* (Stock, 2011), la juge Isabelle Prévost-Desprez, alors à la tête de la chambre financière du tribunal de Nanterre, avait dénoncé le rôle tenu selon elle dans cette procédure par le procureur de la République, Philippe Courroye, un proche de l'ancien maire de Neuilly. « Le parquet de Nanterre, déclarait la magistrate, je l'ai vu à la manœuvre à plusieurs reprises pour protéger Sarkozy. Par exemple, dans l'affaire du "1 % logement" avec Thierry Gaubert. » Très proche du frère de Thierry Gaubert, Patrick, ancien président de la LICRA, Charles Pasqua dit à propos du premier : « C'est un homme d'argent, il a toujours été très intéressé. Il était dans tout un tas de circuits, et était en effet très lié à Nicolas Sarkozy. Des relations financières ? Disons que Gaubert a dû contribuer à son train de vie... »

Un constat sans surprise pour Didier Schuller, qui connaît tous les secrets de son copain Gaubert...

« Par rapport à Brice Hortefeux, analyse-t-il, Thierry Gaubert est plus l'homme de contact avec les milieux d'affaires. Gaubert faisait le lien entre Sarko et les puissances de l'argent. Quand Sarko a récupéré Cécilia et qu'il a commencé à avoir des besoins de fric, c'est Thierry qui s'occupait de tout, avec un petit peu Hortefeux, aussi. Tout ce qui tourne autour de l'immobilier, notamment. Et avec Balkany, bien sûr. C'est Balkany, qui avait le contact avec les promoteurs, en particulier Denise Lasserre, décédée depuis, et dont le fils est mort étrangement, en tombant d'un toit... Moi, si demain je tombe d'un toit, j'espère que vous vous poserez des questions ! »

Soudain, Didier Schuller se fait grave.

Il nous lâche : « Non mais blague à part, on va pouvoir faire état dans le livre de mes inquiétudes ou pas ? – À quel propos ? » lui demande-t-on. « Sur ma sécurité. Je suis inquiet. Sérieusement. J'ai d'ailleurs demandé à un de mes militants de ne plus me quitter d'une semelle. On touche à des gens dangereux, parfois liés au milieu. Je vous le dis solennellement : regardez-moi bien, je n'ai pas envie de glisser d'un toit, ni de me suicider, OK ? »

Pour faire retomber la tension, on revient sur Mme Lasserre. « Denise Lasserre, c'était le promoteur incontournable dans le 92, très intime de Balkany. Elle avait d'ailleurs pris des pubs dans mon journal électoral dans les années 1990. » Généreuse donatrice, Denise Lasserre avait par exemple acheté, pour la seule année 1991, plus de 415 000 francs de publicités dans *Le Clichois* ! « C'est aussi le groupe Lasserre qui a consenti une faveur à Sarko pour l'achat en 1997 de son appartement sur l'île de la Jatte, à Neuilly », rappelle par ailleurs Schuller. Une enquête fut même diligentée au printemps 2007 sur ce généreux rabais, révélé par *Le Canard enchaîné*, mais elle fut promptement classée sans suite par le procureur de Nanterre, Philippe Courroye.

En ce printemps 2013, où il nous a de nouveau reçus dans sa résidence alsacienne, à la recherche d'un restaurant supposé préparer « la meilleure choucroute du monde », piste plus prometteuse que celle susceptible de nous mettre sur les traces du gibier de la forêt de Haslach, Didier Schuller semble avoir vraiment changé d'état d'esprit. Après les avoir longtemps protégés, y compris au cours de nos multiples entretiens les cinq années précédentes, il semble enfin décidé à aller au bout de sa démarche et à larguer définitivement les amarres avec les sarkozystes – y compris avec le premier d'entre eux. Il nous avait décrit le système, le tout-RPR, les valises bourrées de cash, les hommes clés. Mais où allait cet argent ? Il fallait creuser.

Grâce à son aide, nous sommes partis à la recherche des pièces manquantes du puzzle que plusieurs juges et des dizaines de policiers ont essayé en vain de reconstituer, se perdant dans le maquis de ces comptes bancaires, hommes de paille, structures *offshore* et autres sociétés-écrans ayant permis au « clan des Hauts-de-Seine » de s'enrichir impunément, des années durant.

Et nous sommes retombés sur l'incontournable financier genevois, Jacques Heyer...

XXI

« C'est par cette discrète société
au Liechtenstein que transitaient
les sommes issues des marchés publics
destinées à Balkany. »

Balkany, d'abord. Tout débute en Suisse, toujours.
Au commencement était donc le Crédit suisse de
Zurich, vénérable établissement dans lequel le grand-
père maternel de Schuller ouvre un compte, dès 1914,
pour y placer sa fortune. En 1952, c'est dans cette
même banque que la mère de Schuller, Erna, place à
son tour son pécule, plusieurs millions de francs, sur
trois comptes numérotés.

Didier Schuller va bientôt utiliser le principal
d'entre eux, le compte n° 626979-81, pour y placer
son propre argent. Gestionnaire de fait de ce compte,
il bénéficiera plus tard d'une procuration générale,
signée de sa mère le 12 août 1992. À la fin des années
1970, pour des raisons de discrétion, Schuller décide

de passer par une société financière utilisée par le gestionnaire de fortune historique de sa famille, un certain Dr Stüder. Également basée à Zurich, la société Treuco Treuhand, fondée en 1974, sert donc en fait d'écran.

Dans ses notes prises lors de son passage à la Santé, en 2002, Schuller se faisait didactique : Treuco, résumait-il, « était un écran entre l'argent reçu par les groupes que j'ai mentionnés (Bouygues, SAE, Oger international, SAR...) et le compte de ma mère. Une société qui permet de tracer un virement sur un compte bancaire, tout en assurant un anonymat total. Vous ne pouvez pas verser des sommes importantes en espèces dans votre banque. Vous devez passer par ce genre d'entité, qui passe elle-même par des sociétés offshore dont elle reçoit un virement qu'elle reverse ensuite sur votre compte en banque. Le système suisse est construit sur la confidentialité », conclut la note.

Le correspondant de Schuller chez Treuco s'appelle Félix Bänninger. L'argent perçu sur les marchés des Hauts-de-Seine transite donc par Treuco avant d'être réinjecté sur le compte Schuller au Crédit suisse de Zurich. C'est aussi par ce biais que vont discrètement passer, dans les années 1980, les sommes importantes touchées par Schuller des géants du BTP, que ce soit d'abord dans le cadre de ses activités au Moyen-Orient, ou ensuite comme élu de Clichy. Dans ses fameuses notes de prison, prises au feutre noir, Schuller détaille le système. Citant Bouygues, la SAE ou le groupe de Rafic Hariri, il joue les pédagogues. Avec son écriture en pattes de mouche, il explique que « des grands groupes souhaitaient pour des raisons de discrétion passer par la Suisse. Des entreprises françaises recommandées par PB [Patrick Balkany] ou issues de relations personnelles [au] Moyen-Orient ». En rouge cette fois, il conclut, à propos de ses généreux mécènes : « Ils misaient sur ma victoire à Clichy pour que je leur renvoie l'ascenseur... » Lors de l'enquête liée aux HLM des Hauts-de-Seine, Didier Schuller assurera aux policiers avoir touché, entre 1992 et 1994, 4 millions de francs de la part de Bouygues, 2 millions de la SAE et 1,5 million du groupe Hariri.

Parfois, ces entreprises ordonnent des virements bancaires, d'autres fois, elles versent directement des espèces à Schuller, charge à lui de les placer sur son compte. « À partir de 1994, je remettais l'argent liquide, à l'hôtel Richemond de Genève, directement à Jacques Heyer, mon nouveau gestionnaire de fortune, ou à son chargé de clientèle, Bernard Glasson, détaille Schuller. Auparavant, je me souviens d'un avocat suisse qui m'avait remis, à Genève, sur instruction d'un collaborateur de Martin Bouygues avec qui Balkany m'avait mis en relation, 4 millions de francs, emballés dans Le Figaro ! Cette fois-là, j'avais immédiatement apporté la somme à Treuco, directement. Autre exemple, l'entourage de Rafic Hariri m'avait fait remettre, à Genève, 1 million et demi en liquide, que j'avais déposé ensuite sur mon compte suisse via Treuco. »

Mais Treuco ne sert pas qu'à Didier Schuller.

Il révèle : « À partir de mon installation dans les Hauts-de-Seine, au début des années 1980, seule une petite partie des fonds versés par les entreprises à Treuco repart sur mon compte zurichois. La plus grosse part est redirigée vers la société Lecaya, une anstalt basée au Liechtenstein. »

Une anstalt est un établissement financier créé par une personne physique ou morale dont l'anonymat est protégé.

« L'ayant-droit de Lecaya était... Patrick Balkany. C'est par cette discrète société au Liechtenstein que transitaient les fonds issus des marchés publics destinés à Balkany », affirme Schuller. Pour la première fois, Didier Schuller accuse donc le maire de Levallois-Perret d'avoir perçu des sommes occultes à l'étranger. Devant les juges, il s'était pourtant toujours refusé à le faire. « Selon vous, M. Patrick Balkany a-t-il directement ou indirectement réalisé ou fait réaliser des opérations financières via la Suisse et le Liechtenstein ? » lui avait ainsi demandé Philippe Vandingenen, dès le 25 février 2002.

« Non », avait alors certifié Schuller.

Onze ans plus tard, les pactes d'amitié, sur fond de corruption, n'ont plus cours. Les dates ne mentent pas, elles. Elles accusent, désignent. Vérifications faites, il apparaît donc que l'anstalt Lecaya a été fondée à Vaduz le 10 décembre 1979, soit l'année du « parachutage » de Patrick Balkany à Levallois-Perret – il y a ouvert sa première permanence au mois de mars 1979. Encore plus troublant, cette anstalt a été fermée le 16 décembre 1994, soit au moment même où l'affaire des HLM de Paris menée par le juge Halphen se rapprochait dangereusement des Hauts-de-Seine : trois jours plus tôt, le 13 décembre, le magistrat avait mené une perquisition à Clichy-la-Garenne, dans les locaux du *Clichois*, le journal de campagne de Schuller, créant la panique au sein du RPR des Hauts-de-Seine...

Les enquêteurs ont souvent frôlé ladite Lecaya, sans jamais s'y intéresser de trop près. Pourtant, ils avaient les moyens d'explorer les possibles liens entre cette anstalt et Balkany. Plusieurs documents bancaires en notre possession font ainsi état de mouvements financiers importants opérés entre l'anstalt Lecaya et, notamment, une mystérieuse société helvétique, Supo Holding SA. L'objet des transactions ? La vente des actions Réty, l'entreprise familiale des Balkany, qui rapporta un si beau pactole au maire de Levallois-Perret, mais nous allons y revenir.

Pour récupérer l'argent entreposé au Crédit suisse, Didier Schüller se rendait lui-même à Zurich y prélever des espèces, ou y envoyait son homme de confiance, Jean-Paul Schimpf. D'après ses documents manuscrits conservés de l'époque, il a ainsi fait sortir près de 10 millions de francs – essentiellement utilisés pour ses activités électorales – entre 1989 et 1994. Selon l'expertise judiciaire exhumée de l'enquête sur les HLM 92, sur la seule période mai 1992 – septembre 1994, les encaissements se

261

sont élevés à 6 825 000 francs et les décaissements à 7 137 000 francs.

« Mais entre 1989 et 1994, les fonds ayant transité par Lecaya sont également considérables, environ 10 millions de francs », estime-t-il. Selon Schuller, les fonds prélevés sur les marchés des Hauts-de-Seine auraient donc alimenté la structure écran Treuco, pour repartir, d'une part, vers son compte zurichois, mais surtout, d'autre part, vers Lecaya. Question : in fine, sur quel(s) compte(s) les fonds versés à Lecaya ont-ils finalement atterri ?

« Ça, c'était pas mon affaire, répond Schüller. Mais je sais que Patrick Balkany disposait d'un compte ouvert à la banque ABN Amro de Zurich, où il y avait au moins 18 millions de francs, il me l'avait dit. Je lui avais demandé à quoi correspondait cette somme, et il m'avait répondu que c'était une partie de ce qu'il avait touché de la vente du magasin de son père, Réty. »

De fait, l'enquête judiciaire sur les HLM des Hauts-de-Seine a établi que Patrick Balkany avait bien perçu en Suisse, via une société-écran, 31 505 000 francs correspondant à la vente de 49 % des actions de l'entreprise de confection fondée par son père, la société Laine et Soie Réty. D'autres membres de la famille du député possédaient le reste des parts.

Mais cette transaction fut réalisée dans des conditions éminemment suspectes, comme le soulignait dès juin 1998 le commissaire Philippe Prunier, en charge de l'enquête. C'est ici que l'on retrouve les structures opaques Supo et Lecaya. Le policier s'étonnait ainsi

que la société suisse Supo Holding SA ait racheté
– entre août 1989 et mars 1991 – pour une petite fortune la moitié des actions de l'entreprise Réty, alors
en pleine déconfiture et endettée à plus de 27 millions
de francs. Quel intérêt de débourser autant d'argent
pour une société à l'agonie ? Or, et les policiers l'ont
établi, la moitié de la somme (16 384 000 francs précisément) fut versée sur instruction de la fameuse anstalt de Vaduz, Lecaya…

Les enquêteurs, en fait, ont une conviction. Et
identifié un circuit d'argent sale : des entreprises
détentrices de marchés publics à Levallois versaient
des pots-de-vin via une coquille vide, la société Supo
Holding, cette dernière servant en quelque sorte
de « coupe-circuit ». Pour blanchir les fonds, Supo
aurait ensuite utilisé l'argent récolté afin de racheter
au prix fort l'entreprise Réty à Patrick Balkany. La
société Réty, qui avait cédé l'intégralité de son activité commerciale, fut revendue en 1994 au prix de… 1
franc par porteur de part, donc à la famille Balkany !

Au final, l'argent quittait donc la poche droite de
Balkany pour rejoindre sa poche gauche, dans un joli
coup de bonneteau…

« Le fait qu'une société de droit suisse ait acheté pour
31 505 000 francs des actions d'une société en difficulté
financière depuis plusieurs années, actions qui ont fini
par être revendues 1 franc symbolique, permet d'établir
le caractère fictif de cette transaction », concluait ainsi
le commissaire Prunier dans son rapport de juin 1998.
Il ajoutait : « Cette vente d'actions peut avoir servi à

masquer le versement de fonds à M. Patrick Balkany, alors président de l'OPDHLM 92. »

Entendu par la police en avril 1998, le directeur du département juridique de la Banque générale du commerce, intervenue dans la transaction – présidée, jusqu'en avril 1994, par Jean-Marc Smadja, cousin par alliance de Patrick Balkany –, reconnut que « les résultats d'exploitation de la société Laine et Soie Réty étaient négatifs depuis plusieurs années et [que] cette société ne possédait pas les murs du lieu d'exploitation mais uniquement un droit au bail ». « Considérant la vente d'actions par M. Patrick Balkany entre 1989 et 1991 pour un montant d'environ 31 millions, comment peut-on arriver à vendre une société endettée à hauteur de 27 millions ? » interrogea le policier.

« Je ne sais pas », concéda le banquier…

En creusant un peu autour de la société-écran Supo, les policiers ont fait quelques découvertes. Le commissaire Prunier précisait encore : « Le siège de Supo Holding est situé à Zurich, ville où ce dernier [M. Balkany] dispose d'un compte à l'ABN Amro Bank référencé A 208000A. On rappellera en outre que ce compte ABN a été crédité de 330 416,66 francs le 11 septembre 1995 par le débit du compte CCF de M. Patrick Balkany. Ce dernier compte ayant par ailleurs été crédité le 11 juin 1990 de 200 000 francs en espèces (billets de 500 francs). » Des conclusions reprises à son compte par le juge Vandingenen qui indiquait dans une commission rogatoire internationale adressée à la Suisse, le 7 août 1998, qu'il n'était « pas exclu que cette vente d'actions (Réty) ait pu servir à masquer le versement de fonds à M. Patrick Balkany ».

Ces découvertes entraînèrent l'ouverture, en 1999, d'une enquête distincte pour « abus de biens sociaux », confiée à la juge parisienne Évelyne Picard (décédée en 2007), qui ne parvint pas à caractériser de délit susceptible d'être reproché au député.

Quant à la société Supo, elle a gardé tous ses secrets. Les investigations des policiers helvétiques ont permis d'établir que la Supo Holding SA était domiciliée dans la petite localité de Baar, dans le canton de Zoug – là même où, selon Schuller, Isabelle Balkany aurait placé des avoirs – et qu'elle avait tout d'une coquille vide. Ils se sont rendus à l'adresse où elle était domiciliée. Ils sont tombés sur un simple pavillon, la boîte aux lettres comme la sonnette mentionnant un certain Jürg Schoch, alors aux prises avec la justice pour infraction à la loi fédérale dite « ANA » (prise de domicile sans déclaration de résidence auprès des autorités communales). Aucune référence, en revanche, à la société Supo.

Les policiers, éconduits par un molosse menaçant, se sont bornés à mentionner dans leur rapport qu'« aucun véhicule n'était déclaré au nom de la société Supo Holding SA dans le canton de Zoug. Il n'y a pas de ligne téléphonique au nom de cette société », ajoutaient les enquêteurs. Ces derniers relevaient que M. Schoch avait également été cité dans une affaire d'escroquerie en 1995 et qu'une autre de ses sociétés, Atlantis Finance, fut la cible en 1998 d'une commission rogatoire d'un juge parisien chargé d'une enquête pour « recel » visant notamment les agissements de… Jean-Marc Smadja. Cet ancien banquier et promoteur immobilier fut directeur général de la Semarelp, principale société d'économie mixte de Levallois- Perret. Dans un article du 11 octobre 2007, *L'Express* décrivait ainsi le cousin d'Isabelle Balkany : « Amateur de gros cigares, Smadja reste un homme de l'ombre – il n'a pas répondu à nos demandes d'entretien ». Dans une interview donnée à Canal + en 2002, rappelait l'article, Jean-Marc Smadja résumait très clairement son rôle : « Quand vous êtes un homme politique, mieux vaut avoir parfaitement confiance dans les gens qui s'occupent d'immobilier pour vous. » On aurait volontiers demandé leur opinion aux Balkany, mais, malgré plusieurs relances, et même une lettre avec accusé de réception reprenant les découvertes des policiers et les accusations étayées de Schuller, ils n'ont pas souhaité s'exprimer…

Charles Pasqua, lui, ne s'est pas fait prier pour évoquer la personnalité du maire de Levallois, et son rapport à l'argent. « Moi, Balkany, je l'ai toujours apprécié. C'est vrai qu'il a toujours eu de l'argent, qu'il tenait de sa famille et de celle de son épouse. Est-ce qu'il provient des marchés des Hauts-de-Seine ? Je ne sais pas. C'est plutôt à l'international qu'il y a de l'argent à gagner. Je sais qu'il voyage beaucoup en Afrique. Maintenant, qu'il ait pu avoir un compte à l'étranger me surprend : il est trop malin pour ça ! »

XXII

« C'est Nicolas Sarkozy
qui m'a présenté Jacques Heyer. »

Au cœur de ces années 90, Schuller passe donc son temps en Suisse, où il organise l'opulence financière des Balkany, mais aussi du RPR 92. Souci : à la fin de l'année 1993, le système mis au point en Suisse doit être entièrement revu, avec le décès du Dr Stüder. Le conseiller général se renseigne, tâtonne… et finalement atterrit chez un gestionnaire de fortune installé sur les bords du lac Léman, Jacques Heyer. Entendu par le juge Philippe Vandingenen à son retour de cavale, en février 2002, Schuller restera vague sur l'origine de sa relation avec Jacques Heyer : « M. Heyer m'a été recommandé à l'époque par plusieurs personnes dans le milieu mondain et j'ai accepté de lui confier ma fortune, […] environ 8 à 9 millions de francs français […], dans la mesure où il était gestionnaire de fortune de Jean-Claude Killy, d'Henri Leconte et de Mark

McCormack », le plus célèbre des agents de sportifs professionnels – mort en 2003. Encore un mensonge, par omission au moins.

Le nom de Heyer est radioactif. Toujours aujourd'hui, d'ailleurs. Lors de nos premiers entretiens, Schuller se montrera tout aussi évasif sur les conditions dans lesquelles il fit la connaissance de Heyer, évoquant des « amis francs-maçons »…

Entendu par les juges de Créteil en avril 2003, Heyer lui-même n'avait pas été beaucoup plus précis, affirmant avoir rencontré le conseiller général de Clichy, à Paris, via « un associé d'affaires » qui l'avait convié à « un apéritif auquel assistait Schuller ». « Je pense qu'après, quand Schuller a eu envie ou besoin de s'intéresser à Genève, il s'est renseigné auprès des gens qui me connaissaient et qui avaient assisté à cet apéritif et c'est comme ça qu'il a pris contact avec moi », avait ajouté le financier.

Une certitude, le patron de la société Heyer Management SA, créée en 1982, était le chouchou du showbiz français, veillant sur les avoirs de Johnny Hallyday, Jean-Claude Killy ou Jean-Paul Belmondo… Début 1994, le financier genevois remplace donc le Dr Stüder. « J'ai transféré tous mes fonds ainsi que ceux de ma mère à la société Heyer Management, confirme Schuller. Et puis un jour, Heyer, en qui j'avais totalement confiance, m'a dit : "On va changer de formule." Il ne voulait plus passer par Treuco. » De fait, les sommes prélevées sur les marchés vont désormais transiter via une structure offshore immatriculée au Panama, et atterrir sur un nouveau compte, ouvert tout spécialement à la banque financière de la Cité-Cayman (BFC-Cayman), à Genève, établissement dont M. Heyer était lui-même administrateur.

Didier Schuller n'en saura pas beaucoup plus. Bientôt pris dans la tourmente de l'affaire des HLM, il doit fuir en catastrophe, ayant toute confiance en Jacques Heyer pour s'occuper de son argent. Dans un premier temps, tout se passe bien, du moins en apparence. Durant son séjour aux Bahamas, où Didier Schuller a ouvert un compte, baptisé Camber Limited, à la British American Bank de Nassau, Heyer lui fait parvenir, dans ses souvenirs, « entre 500 000 et 700 000 dollars » – montants confirmés par l'enquête judiciaire.

Mais en 1997, il découvre, effaré, que Heyer a dilapidé toute sa fortune. À son retour d'exil, en 2002, il va s'apercevoir que le financier suisse a effectué, dans son dos, diverses opérations que la justice lui aurait même attribué à tort, si on l'en croit.

C'est ici qu'apparaît Nicolas Sarkozy.

En fait, dès le 24 février 1995, soit deux semaines après la fuite de Didier Schuller, Heyer ouvre à l'agence genevoise de la banque financière de la Cité-Cayman (dont la maison mère, comme son nom l'indique, est située sur ces îles des Caraïbes, paradis fiscal notoire) un compte baptisé Jungle. Ce compte, immatriculé sous le numéro 13776-2, est approvisionné par une structure panaméenne, dénommée Corum International Corp., qui se substitue à la précédente société-écran panaméenne. Le 3 mars 1995, le sous-directeur de la BFC-Cayman écrit d'ailleurs à l'adresse de Jacques Heyer, afin d'entériner la création du compte Jungle : « Nous accusons réception de votre courrier du 24 février 1995 accompagné du jeu d'ouverture de compte ainsi que des documents », parmi lesquels figurent l'acte de constitution de la société Corum International Corp.

Interrogé le 29 mai 2002 par le juge suisse Marc Tappolet, à la demande des juges français de l'affaire des HLM des Hauts-de- Seine, Heyer va affirmer, contre l'évidence, que Corum appartenait à Schuller. Il précisera que cette société panaméenne « n'avait pas de but particulier si ce n'est d'être une société-écran classique ». « Le but de ce compte était d'entreposer de l'argent en Suisse », ajoutera le financier à propos de Jungle, rejetant là encore toute la responsabilité sur son ancien client : « Toutes les opérations d'entrées et de sorties de fonds que j'effectuais [l'étaient] exclusivement sur la base d'instructions d'une étude d'avocats de la place, en particulier Mᵉ Dominique Warluzel. Cela ressortait d'une directive que m'avait donnée M. Didier Schuller. » Contacté, Mᵉ Warluzel nous a indiqué manquer de « disponibilité » dans son emploi du temps pour nous expliquer son rôle.

Lors d'une confrontation, devant les juges français cette fois, le 19 novembre 2003, Heyer concédera pourtant : « Pour aller dans le sens de M. Schuller, je peux imaginer qu'il ait ignoré le nom du compte numéro 2, je veux parler du compte Jungle. » Mais il

ajoutera immédiatement, à propos de Schuller, que
« toute l'opération numéro 2 a été entièrement gérée
par ses conseils », c'est-à-dire ses avocats suisses.

Ces déclarations agacent d'autant plus Schuller que
la justice semble y avoir accordé du crédit, et ce, malgré ses démentis répétés. « Je n'ai aucune connaissance
de l'existence de Jungle », martela-t-il devant les juges,
le 6 mai 2003. « Je n'ai pas l'intention de servir de
bouclier à M. Heyer. Toutes les sommes arrivées sur
Camber, je les reconnais, je signe des deux mains ; mais
le reste, non. Ce n'est pas parce que M. Heyer envoie
de l'argent du compte Jungle à Camber Limited que
tout l'argent de ce compte [m]'appartient », ajouta-t-il.

Dix ans après, il campe toujours sur cette position.

« C'est en prenant connaissance du dossier judiciaire que j'ai découvert que Heyer avait ouvert ce
compte dénommé Jungle, alimenté par une société
panaméenne appelée Corum, et qui me sera attribué
injustement ! Mais moi, je n'avais jamais entendu parler de ce compte Jungle, ni même de la panaméenne,
dont j'étais prétendument l'ayant-droit ! Des sommes
très importantes sont passées par ce compte Jungle,
mon argent n'en constituait qu'une petite partie. »

À l'époque, les enquêteurs n'ont manifestement
pas cru à cette version. Dans un rapport de synthèse
du 6 février 2002, le commandant Jean-Paul Philippe
soulignait que « trois opérations créditrices majeures
sur le compte Jungle 13776-2 sont à mentionner entre
février 1995 et mars 1995, soit quelques jours après le
départ de Didier Schuller pour les Bahamas ».

Dans le détail, il s'agit de deux versements en espèces effectués le même jour, le 28 février 1995, respectivement de 3 578 000 francs et de 1 851 000 deutsche marks, et d'un virement d'un montant de 2 357 215 francs suisses émanant d'une mystérieuse fondation, Lily Field, le 28 mars 1995. « Le montant global de ces apports est d'environ 18 millions de francs français », résumait le policier. Or, seule une partie de ces fonds – la moitié environ – est repartie, sous forme de virements, vers le compte Camber Ltd. utilisé par Schuller aux Bahamas.

À qui a profité l'argent restant ?

« Apparemment, déduit aujourd'hui Schuller, Heyer a mélangé les différents portefeuilles dont il avait la gestion, sans doute pour brouiller les pistes et mieux détourner l'argent, ou alors pour protéger d'autres bénéficiaires d'avoirs occultes. Il m'a fait endosser la responsabilité de mouvements financiers auquel je suis totalement étranger. J'ai reconnu devant la justice qu'après ma fuite, j'avais perçu l'équivalent de plusieurs millions de francs, je ne vois pas pourquoi je n'assumerais pas le fait d'en avoir touché 18 millions si c'était le cas, cela ne changerait rien ! Sauf que c'est faux. Ce qui est certain, c'est que j'ai eu le tort de faire une confiance aveugle à Heyer, et de signer un mandat de gestion lui donnant tous les pouvoirs. »

Même l'enquête suisse ouverte contre Heyer, inculpé dès 1997 par le juge genevois Marc Tappolet pour « gestion déloyale aggravée » et placé quatre mois en détention provisoire, va se perdre dans les méandres des sociétés écrans, les labyrinthes des structures offshore et les eaux profondes des îles Caïmans...

Le ou les bénéficiaires(s) d'importants virements provenant de Jungle vers un compte ouvert à la Bank of America de New York resteront ainsi inconnus, faute de coopération des autorités américaines. Même les banques helvétiques ont renâclé, comme l'atteste ce courrier du Crédit suisse au juge Tappolet, le 10 juin 2002, dans lequel l'établissement, qui a joué le rôle de banque correspondante dans le virement suspect effectué depuis le Liechtenstein par la Lily Field Foundation sur le compte Jungle : « Nous vous informons que nous ne pouvons vous fournir les pièces requises s'agissant d'un établissement étranger ; le montant ayant transité par un numéro de compte interne du Crédit suisse. »

En d'autres termes, circulez, y a rien à voir...

On s'en souvient, tant Heyer que Schuller sont restés très vagues sur la manière dont ils se sont connus. Et pour cause.

Pour la première fois, Didier Schuller a consenti, début 2013, à nous révéler l'identité de celui qui lui présenta Jacques Heyer, au milieu des années 1990, pour remplacer le gestionnaire de fortune historique de sa mère, en Suisse. Il s'agit tout simplement de... Nicolas Sarkozy.

« Oui, c'est Sarkozy qui me parle de Heyer, lors d'un dîner chez moi, confesse-t-il. C'est bien Sarko qui me l'a présenté. Ce devait être début 1994, lorsqu'il était venu à Clichy dédicacer son bouquin sur Georges Mandel. Je lui ai indiqué que je ne savais pas à qui confier mon argent en étant à l'abri du fisc, et il m'a dit : "Je connais un type très bien en Suisse." Il ne m'a pas dit si lui-même lui avait confié ses sous, mais il m'a donné les références de Jacques Heyer, m'a précisé qu'il avait été président de la Banque populaire suisse, qu'il était très discret et qu'en plus son frère pouvait le protéger, puisque c'était un haut magistrat, ce que j'ai effectivement pu vérifier. Je me rappelle qu'il a ajouté : "D'ailleurs, il s'est toujours occupé de l'argent des gens du RPR puisque le premier mari de sa femme était l'un des trésoriers du parti." Ce qui est exact. Chez Heyer, il y avait d'ailleurs une photo dédicacée de Chirac. Et l'ex-femme de Heyer fut bien la compagne d'un ancien trésorier de l'UDR. »

Me Herzog dément que son client ait pu recommander les services de Jacques Heyer à Didier Schuller : « Lui conseiller un gestionnaire en Suisse alors qu'il était ministre du Budget est une absurdité. »

Tous les barons du mouvement gaulliste n'avaient pas forcément confié leurs économies à M. Heyer. À l'exception peut-être, selon Schuller, de Nicolas Sarkozy lui-même. Il est établi que ce dernier fréquenta Heyer à la fin des années 1980, mais en qualité d'avocat du tennisman Henri Leconte, lui aussi floué par le gestionnaire de fortune genevois. Dans son livre *Sarko et Cie* (L'Archipel, 2011), le journaliste

Ian Hamel écrit que Patrick Balkany était un visiteur régulier de la société Heyer Management, où il se rendait « de préférence le samedi, jour de congé des employés ».

« Balkany n'avait pas d'argent chez Heyer, conteste Schuller. Heureusement pour lui ! Chirac non plus. Mais, d'après Heyer, Sarkozy, oui. Sarko, lui, ne m'a jamais dit qu'il lui avait confié son fric, mais après tout, il n'avait pas de raison de s'en vanter. En tout cas, Heyer me disait : "Je connais très bien Sarkozy, je m'occupe de ses affaires." D'ailleurs, quand Heyer venait en France, il allait voir Sarkozy à la mairie de Neuilly puis, entre 1993 et 1995, au ministère du Budget. Ça, j'en ai été le témoin direct. Courant 1994, j'ai accompagné moi-même Heyer un jour à Bercy, où il avait rendez-vous avec le ministre. Sur le chemin, il me disait : "Je vais voir Sarko parce qu'il est comme toi, il a un compte que je gère." Il s'est vanté cent fois devant moi de gérer l'argent de Sarko, il m'a même montré un jour un papier censé prouver qu'il avait placé son fric chez lui. Je ne sais pas s'il se faisait mousser, mais je n'avais pas de raison de douter de sa parole. D'autant qu'un jour, en allant chez Heyer à Genève, j'ai croisé Sarko. Il est vrai qu'il était accompagné d'Henri Leconte, son client. Le juge Renaud Van Ruymbeke lui-même y a cru, à ce compte. Je pense d'ailleurs que Van Ruymbeke a signé son arrêt de mort le jour où il a interrogé Heyer dans le dossier des frégates de Taïwan. Sarko a compris que c'était une attaque contre lui. »

En effet, en décembre 2005, le magistrat financier avait interrogé – sans succès – en qualité de témoin Jacques Heyer, après qu'une mystérieuse source, un magistrat de haut rang assurait-il dans l'ouvrage qui lui fut consacré en 2007 (*Renaud Van Ruymbeke : le juge* de Fabrice Lhomme, Privé), lui eut confié que le gestionnaire de fortune entretenait des liens privilégiés avec Nicolas Sarkozy. Ce dernier n'a jamais pardonné cette initiative, vécue comme une déclaration de guerre, au juge anticorruption.

Dans l'ouvrage *Nicolas Sarkozy, le destin de Brutus* (Denoël, 2005) signé par Victor Noir, un collectif de journalistes, l'un des anciens collaborateurs de Heyer, Bernard Glasson, assure également être certain que son patron avait rendu visite à Sarkozy, alors ministre du Budget : « Je peux même vous dire par où il est venu. Il y est allé par bateau. Il est entré à Bercy par le quai aménagé dans l'enceinte du ministère. » Mais Glasson n'évoquait pas de relations financières entre les deux hommes.

Un autre témoin de premier plan a accepté de nous en dire plus qu'il ne l'avait jamais fait auparavant. Il s'agit de l'ancien reporter Marc Francelet, un curieux personnage, connu du Tout-Paris, à la fois journaliste, intermédiaire, lobbyiste, ancien assistant de Françoise Sagan, intime de Patrick Balkany, proche de Johnny Hallyday… Un type inclassable, ayant eu des démêlés avec la justice française, et qui fut soupçonné par le juge Tappolet d'avoir joué les « rabatteurs » pour le financier genevois… Mais personne n'a jamais mis en cause son fabuleux carnet d'adresses, un viatique dans son drôle de métier. L'entregent, les liasses de billets, c'est son quotidien.

« C'est Johnny qui m'a présenté Heyer », souffle-t-il, attablé dans un bar face au Bon Marché, avant de livrer cette anecdote explosive : « Un jour, à la fin des années 1980, Jacques Heyer, qui était devenu un bon copain, me lâche tout à trac : "Il faut que j'aille récupérer du pognon chez Sarko à la mairie de Neuilly." C'est là qu'il m'a confié qu'il gérait l'argent de Sarkozy, qui n'était pas encore ministre. Je l'ai conduit moi-même à la mairie de Neuilly, je l'ai accompagné jusque dans le hall, puis je l'ai attendu dehors, dans la voiture. Lorsqu'il est ressorti de la mairie, une demi-heure plus tard environ, il avait une grosse enveloppe kraft dans les mains. Il a éclaté de rire en me montrant l'enveloppe et m'a lancé : "Apparemment, ça marche bien pour lui !" Je n'ai pas vu les billets mais à en croire l'épaisseur de l'enveloppe, il y avait au moins 500 000 francs, peut-être même 1 million. »

Comment évaluer au jugé une telle somme ? Francelet s'esclaffe : « Les enveloppes de billets, ça me connaît, j'en ai vu passer ». Il extirpe de sa poche, hilare, une liasse de coupures de 500 euros… « De toute façon, s'exclame-t-il, à cette époque, tout le monde avait un compte en Suisse ! Moi-même, j'avais confié mon fric à Heyer. J'avoue que le fait qu'il ait Sarko dans sa clientèle m'avait mis en confiance. Cela ne m'a pas empêché de me faire plumer par Heyer comme les autres, et je n'ai rien vu venir ! »

En tout cas, c'est « en toute confiance » que Schuller, en 1994, confie son argent à l'homme d'affaires suisse. « Mes instructions auprès de lui étaient extrêmement simples. Il devait prendre uniquement des bons du Trésor américain, des trucs sûrs. Or, il a tout vendu pour acheter des titres bidon. Sans mon autorisation. C'est un escroc. Ce Heyer a réussi à piquer le pognon que Hitler n'avait pas réussi à prendre à ma famille, donc il a quand même fait très fort ! Aucun Français ne s'est retourné contre lui. Il y a des clients suisses qui l'ont attaqué, quand même. »

Seul motif de consolation pour Didier Schuller : l'un des responsables de l'office HLM des Hauts-de-Seine, resté longtemps en poste après son départ et qui lui s'était personnellement enrichi sur les marchés publics, a également perdu son pécule. « Il avait pris 12 millions de francs tout de même. Mais il a eu le malheur de les confier à Jacques Heyer. À cause de moi d'ailleurs : il m'avait demandé si je ne connaissais pas un type sûr en Suisse, et je lui avais indiqué Heyer. ».

Comme Schuller, Heyer est allé en prison. Les juges ont pu les coincer. Sans les faire parler. Partout, ces magistrats, pas des enfants de chœur pourtant, se sont heurtés au mur du silence. Partout, aussi, ils se sont retrouvés sur la trace de Nicolas Sarkozy. Juges, policiers, journalistes, ils sont nombreux à penser, voire espérer, que Nicolas Sarkozy détient ou a détenu des avoirs occultes accumulés au cours de sa carrière politique. Jusqu'à présent, aucune enquête n'a permis d'étayer ces soupçons.

XXIII

« Si la structure panaméenne Corum
a été précédemment utilisée
par Nicolas Sarkozy, ce que j'ignorais
totalement, c'est encore plus fou... »

Didier Schuller est intarissable sur le sujet. Manifestement, il n'a toujours pas digéré l'épisode Jacques Heyer. Surtout pas sa conclusion. « Moi, lâche-t-il, j'ai tout perdu, tandis que lui, comme si de rien n'était, coule des jours heureux sur la Côte d'Azur. Il faut vraiment croire qu'il a fait passer des messages... Moi, je n'ai jamais fait de chantage, je n'ai jamais voulu en faire. Pourtant, à une époque, cela aurait pu me servir... »

À quelle période de sa vie fait-il allusion ? Schuller ne se fait pas beaucoup prier pour préciser sa pensée : « Lorsque j'ai été interrogé par les juges, à mon retour en 2002, et qu'ils m'ont demandé si Balkany avait de l'argent à l'étranger, j'ai répondu "Non", alors que j'aurais pu leur donner les références de Lecaya, son anstalt au Liechtenstein, sur laquelle arrivaient des fonds. Je parle en connaissance de cause, puisque je l'ai moi-même alimentée pendant des années ! L'argent que j'ai envoyé sur l'anstalt de Balkany, j'ignore ce qu'il en a fait. Honnêtement, je pense qu'il en a quand même redonné une bonne partie pour le financement du RPR. En tout cas, c'est ce qu'il m'a assuré. Même en liquide. À Chirac. Plusieurs fois. Ça, Balkany me l'a dit ouvertement. »

Didier Schuller en veut particulièrement au maire de Levallois- Perret. Il lâche : « Moi, la justice ne m'a pas raté. Elle a tout passé au crible. Ce qui n'est pas le cas avec Balkany. Ses deux villas à Saint-Martin, personne ne s'y est jamais intéressé. Qui est propriétaire ? Ce n'est pas lui, c'est une société étrangère. Et il les loue une fortune, à des stars comme Cindy Crawford. Il en profite aussi, il va beaucoup à Saint-Martin. Et la maison de Marrakech, avec du marbre partout, où il a invité les Sarkozy, à qui appartient-elle, qui l'a payée ? Sans parler de ses multiples voyages en Afrique... »

Didier Schuller se trompe, au moins sur un point : au début des années 2000, dans le cadre d'une enquête de la juge parisienne Michèle Vaubaillon, la PJ s'est beaucoup intéressée aux deux villas paradisiaques de Saint-Martin. Dans un rapport de synthèse du 11 juin 2001, la police concluait : « Il a été découvert que M. Balkany possède un compte bancaire dans la partie hollandaise de l'île, compte qu'il utilise pour ses besoins personnels. Vu les pièces comptables, il ressort que l'intéressé est dans les faits propriétaire de la propriété Maison du soleil. Il apparaît manifestement utiliser comme paravent et à son bénéfice personnel la société Atlas Finanz Services, ceci permettant de supposer que M. Balkany est également propriétaire de la villa Serena. »

Contactée, la juge Vaubaillon a assuré ne pas avoir conservé « de souvenirs précis » de ce dossier dont elle n'eut pas longtemps la charge, puisqu'il passa entre les mains de plusieurs magistrats instructeurs. « C'est une procédure que j'ai dû rapidement abandonner il y a une dizaine d'années, en mars 2003 précisément, lorsque j'ai quitté l'instruction », explique-t-elle.

L'enquête n'a jamais abouti.

Désigné premier juge dans l'enquête sur les HLM des Hauts-de-Seine, Philippe Vandingenen conteste quant à lui avoir focalisé son instruction sur Didier Schuller. « Je me souviens avoir essayé d'exploiter toutes les pistes, confie-t-il. Si d'autres bénéficiaires de fonds occultes avaient pu être identifiés, ils auraient évidemment été poursuivis. Après, comme dans tous les dossiers, il est possible que tout n'ait pas été découvert. Par exemple, nous n'avons jamais eu de réponse à une commission rogatoire internationale délivrée à Hong Kong. Mais ce qui est sûr, c'est que nous avons fait tout ce qui était humainement possible pour découvrir la vérité », assure le magistrat, aujourd'hui en poste à la chambre de l'instruction de la cour d'appel de Paris.

Co-saisi du dossier, le juge Serge Portelli réfute également la thèse selon laquelle l'enquête se serait concentrée sur le seul Schuller. « Ce n'est pas parce qu'il assume ce qu'il a fait que Schuller dit toute la vérité, persifle le magistrat. Lors de ses auditions, il nous en a dit le moins possible, soit parce qu'il avait peur, soit parce que les autres le "tenaient" – ou les deux. En tout cas, il ne nous a donné aucune piste précise, rien de concret. Sinon, je vous promets qu'on n'aurait pas hésité ! » Le juge Portelli, pas vraiment porté sur la langue de bois, rappelle aussi les « multiples obstacles » auxquels son collègue et lui durent faire face. « Il y avait une multitude de sociétés-écrans, de l'argent qui partait dans tout un tas de pays, aux Caïmans, à Hong Kong… Même en Suisse, il y a des comptes que nous ne sommes pas parvenus à identifier. Je me souviens d'une perquisition à l'office HLM, il y avait une montagne de documents à analyser, des tonnes de marchés suspects à décortiquer… De ce point de vue, je suis d'accord avec Schuller : nous n'avons sans doute découvert qu'une toute petite partie de ce qu'il y avait à trouver. Schuller n'était qu'un maillon de la chaîne, un pion entre les mains de Balkany et Sarkozy qui l'ont utilisé. Ce n'est pas pour rien qu'il a pu rester aussi longtemps à l'abri, menant la grande vie sous les tropiques. Il a bénéficié d'une protection financière, politique et policière, mise en place par le pouvoir de l'époque. Et puis, nous avons aussi dû faire face à l'hostilité du parquet de Créteil, qui a tout fait pour empêcher l'affaire de prospérer. Avec mon collègue, on a mené des batailles homériques pour obtenir des réquisitoires supplétifs (une autorisation d'élargir l'instruction) afin d'enquêter sur les éléments nouveaux qui apparaissaient au fur et à mesure. »

S'agissant du « cas » Balkany, Serge Portelli précise qu'il n'est « pas dupe ». « Lorsque nous l'avons mis en examen, il se marrait, il était très sûr de lui. Ce n'était pas seulement de l'arrogance : il savait bien qu'on avait trouvé un dixième de ce qu'il y avait à découvrir, que nous étions passés à côté de beaucoup de choses. » Le juge Jean-Paul Albert, qui a conclu le dossier début 2005, témoigna à sa façon de l'impuissance de la justice, dans un procès-verbal du 17 mars 2004. Évoquant une commission rogatoire internationale expédiée aux États-Unis où atterrirent certains fonds qui transitèrent par le compte Jungle, il notait : « Malgré nos relances, tant auprès du parquet général de Paris, des services du ministère de la Justice, du magistrat de liaison à Washington M. Jean-Pierre Picca [conseiller justice de Nicolas Sarkozy à l'Élysée entre 2010 et 2012] et du procureur de New York, à ce jour aucun élément n'a été retourné par les autorités américaines. »

Interrogé à son tour dans le cadre de notre enquête, M. Albert s'est souvenu avoir « vraiment tout fait pour découvrir la vérité dans ce dossier. J'avais même appelé ma collègue à Nassau dans le cadre de la commission rogatoire internationale aux Bahamas, où s'étaient rendus les enquêteurs. Concernant Patrick

Balkany, qu'il s'agisse de la vente des actions Réty ou des deux propriétés à Saint-Martin, bien sûr que cela m'a intéressé, mais je n'étais pas saisi de ces faits et je n'aurais pas obtenu de réquisitoire supplétif du parquet. D'autant que dans mon souvenir, des collègues du pôle financier parisien enquêtaient aussi là-dessus, mais je crois que cela n'a rien donné ».

Quant à l'ensemble des mouvements financiers suspects, et notamment la société Corum et le compte Jungle, le juge Albert avoue : « J'ignore si l'intégralité des sommes étaient in fine destinées à Schuller ou s'il y avait d'autres bénéficiaires. Franchement, on ne l'a jamais su, mais ce n'est pas faute d'avoir essayé. Je me rappelle notamment que Schuller ne voulait strictement rien lâcher sur Balkany... »

Peut-être parce que Balkany rime avec Sarkozy, donc.

En effet, en avril 2013, Didier Schuller prend connaissance avec stupéfaction du contenu d'un livre (*92 Connection : les Hauts-de-Seine, laboratoire de la corruption ?*, Nouveau Monde éditions) signé d'un ancien fonctionnaire des impôts, Noël Pons, et de l'ex-responsable de la brigade anticorruption de la police judiciaire, Jean-Paul Philippe, ayant enquêté lui-même sur l'affaire des HLM des Hauts-de-Seine. Schuller s'aperçoit que Jacques Heyer ne lui avait pas non plus tout dit sur la société Corum.

Selon les auteurs, qui s'appuient sur les confidences qu'aurait faites à Jean-Paul Philippe, en 2002, le juge genevois Marc Tappolet, en charge de l'enquête suisse sur Jacques Heyer, la structure panaméenne (baptisée « Q… » dans leur ouvrage) « aurait préalablement servi à un autre homme politique français ». « Cette offshore avait été désactivée un certain temps, puis réactivée en 1994 pour le compte et le bénéfice de Didier Schuller », écrivent-ils. De fait, les investigations menées en Suisse ont établi qu'un compte avait été ouvert auprès de la Banque populaire suisse par Corum International Corp. dès… 1989. Selon des documents bancaires en notre possession, Corum a été précisément créée à l'instigation de Heyer Management le 11 avril 1989. Mise en sommeil pendant plusieurs années, la panaméenne a donc bien été réactivée par Heyer au nom de Schuller.

À l'insu de celui-ci, semble-t-il.

Quel autre homme politique avait pu avoir recours à la fin des années 1980, via Heyer, à la discrète Corum ? Le juge Tappolet, joint en avril 2013, a des soupçons. « Le nom de Sarkozy est apparu. C'est ce que l'on m'avait confié à l'époque, mais je n'ai pas pu aller plus loin, il y avait tellement de sociétés écrans, de paradis fiscaux, et j'aboutissais aux îles Vierges puis aux îles Caïmans… Pour identifier formellement l'ayant droit économique, il me fallait un document que détenait un avocat genevois, mais je n'ai pas pu l'obtenir. »

Les confidences du juge Marc Tappolet permettent de mieux comprendre la déclaration, dans son cabinet, de Jacques Heyer, à la fin de son interrogatoire, le 29 mai 2002 : « Je prends note, concluait le financier, que les documents sélectionnés dans les archives de Heyer Management SA concernant les comptes

Corum International Corp. et Almonte Holdings Inc. ouverts auprès de la Banque populaire suisse ne seront pas transmis à l'autorité requérante puisqu'ils sont totalement étrangers à l'enquête française. Je parcours le classeur renfermant les documents sélectionnés dans les archives de Heyer Management SA sur le compte Jungle. Sur certaines pages que je vous signale figurent des pseudonymes de comptes d'autres clients sans rapport avec l'enquête française. Je prends note que vous allez caviarder ces noms et accepte pour le surplus la transmission de ce classeur en copie, avec les caviardages susmentionnés. »

Un « caviardage », ce n'est rien, un geste insignifiant, rapide. Il s'agit juste de biffer des noms. Lesquels ?

Interrogé par nos soins, l'ancien policier Jean-Paul Philippe nous a confirmé que le nom du futur président de la République avait été cité comme ayant eu recours aux services de la société panaméenne à laquelle devait faire appel des années plus tard Didier Schuller. « J'étais présent lors de l'interrogatoire de Jacques Heyer en Suisse réalisé fin mai 2002 dans le cadre d'une commission rogatoire internationale, relate Jean-Paul Philippe. Avec un collègue, nous devions l'entendre dans le bureau du juge Tappolet, en sa présence. Juste avant l'audition, Marc Tappolet nous a fait entrer dans son cabinet et nous a dit : "Vous venez pour le compte de votre ministre de l'Intérieur, c'est ça ? Il a utilisé une structure ensuite désactivée puis ranimée pour Schuller. Mais je ne peux pas utiliser ces éléments-là, ils n'entrent pas dans ma saisine." On était assez stupéfaits. Sarkozy était ministre de l'Intérieur depuis quelques semaines seulement. C'était d'autant plus troublant que Heyer nous avait auparavant confié qu'il était ami avec Frédéric Péchenard. » Grand flic (ancien patron de la Criminelle, directeur général de la police nationale de 2007 à 2012), issu d'une famille aisée, Frédéric Péchenard est un ami d'enfance de Nicolas Sarkozy. M. Péchenard nous a indiqué par SMS, à propos de Heyer : « Ma famille ne le connaît pas. À ma connaissance. Pour ma part, précise l'actuel délégué interministériel à la sécurité routière, je l'ai croisé il y a quelques années pendant des vacances. Je ne le connais pas plus que ça. »

L'ancien commandant de police Jean-Paul Philippe révèle par ailleurs que c'est lui, et non « un haut magistrat », qui mit Renaud Van Ruymbeke sur la piste des liens susceptibles d'unir Jacques Heyer et Nicolas Sarkozy, entraînant l'audition du financier genevois par le juge français en décembre 2005...

L'ancien juge d'instruction Serge Portelli a gardé le même souvenir de son enquête : « Le nom de Sarkozy revenait régulièrement dans notre procédure, notamment par rapport à Jacques Heyer. On était sur les dents car on savait que Sarkozy était derrière cette histoire depuis le début de la procédure, mais personne ne voulait vraiment lâcher son nom, personne n'osait... »

Lorsqu'on lui rapporte tous ces éléments, Didier Schuller tombe littéralement des nues : « Je n'en reviens pas. Déjà, sur le principe, je trouve dingue que Heyer ait pu me refiler une société ayant appartenu à un autre. Ce type a vraiment utilisé mon nom à mon insu. Et si la structure panaméenne Corum a été précédemment utilisée par Nicolas Sarkozy, ce que j'ignorais totalement, c'est encore plus fou… »

Les forts soupçons nourris par les enquêteurs sont vivement contestés par l'avocat de Nicolas Sarkozy : « Jamais Jacques Heyer n'a géré l'argent de mon client, affirme Me Herzog. Quant à la société panaméenne Corum, Nicolas Sarkozy n'a même jamais entendu ce nom. M. Sarkozy n'a pas bénéficié de fonds provenant d'un compte baptisé Jungle, c'est grotesque. » Et l'avocat d'aller plus loin : « Nous tenons à préciser que jamais M. Nicolas Sarkozy n'a détenu un compte sous quelque forme que cela soit à l'étranger et ce, quelle que soit la période considérée jusqu'à aujourd'hui. »

Pour avoir le fin mot de l'histoire, il nous fallait partir sur les traces de Jacques Heyer, ce banquier insaisissable, personnage clé de cette incroyable saga. Il se protège, se calfeutre même. Il n'a jamais accordé le moindre entretien à la presse. Son avocat, Me Michel Valticos, du barreau de Genève, n'a même pas retourné nos appels. Alors, au mois de septembre 2013, nous avons tenté de le débusquer dans ses repaires favoris, en l'occurrence plusieurs établissements de Saint-Trop. Il y a des missions plus désagréables…

Là-bas, il est connu. Il fraye avec les nantis, ceux qui vivent, comme lui, dans l'enclave ultra-sécurisée du domaine du Golf de Gassin, où la moindre maisonnette se vend au bas mot à 700 000 euros, au bord des greens. On n'entre pas sans être parrainé, ou invité, l'endroit est farouchement gardé 24 heures sur 24. Jacques Heyer sait bien qu'il a laissé dans son sillage d'anciens clients floués, mécontents.

Avec son énorme chien blanc, on ne pouvait pas le rater, nous avait-on assuré. Du café des Arts, place des Lices, au célébrissime café Sénéquier, sur le port, nous avons donc cherché Jacques Heyer. Nous avons arpenté les ruelles, posé des questions, dévisagé les hommes d'un certain âge. Nous sommes aussi allés au golf de Beauvallon, où l'ancien banquier tape la petite balle. Ce vieil habitué y a son casier. Il est même autorisé, faveur accordée aux fidèles clients seulement, à fumer ces gros cigares dont il raffole sur les greens... Souffrant du dos, Heyer n'y était pas retourné depuis le 29 août. Il joue au golf avec une bande d'amis, tous tropéziens, affectueusement surnommés les « tamalou » (T'as mal où ?) par les serveuses du club-house, tant la petite troupe aime à se plaindre de ses ennuis de santé. Nous avons laissé un petit mot aux employés, à l'attention de M. Heyer. Il n'a pas rappelé.

Nous avons aussi tenté notre chance au golf de Gassin, en vain. Enfin, l'expédition s'est terminée à la Plage de Moorea, à Ramatuelle, où Heyer a aussi son rond de serviette. Là-bas, on a le droit de bronzer entre riches, moyennant 42 euros la location d'un matelas-parasol. On siffle des flûtes de champagne avec ses amis, on débarque du grand large avec des petits canots à moteur, histoire de déguster une bonne langouste avant de regagner son yacht.

Heyer est chez lui sur cette plage. Las, il n'était pas présent, lors de notre visite. Reparti, nous a-t-on confié, vers des rivages moins visibles, pour un temps. En Suisse.

Jacques Heyer conserve donc tous ses secrets...

XXIV

« J'ai payé pour les autres et jusque-là
je ne leur ai jamais présenté l'addition. »

L'affaire des HLM des Hauts-de-Seine a fait l'objet de deux procès. Le premier s'est tenu au tribunal de Créteil, à l'été 2005. « C'était affreux, ce procès, horrible ! » se souvient Schuller. Qui a particulièrement mal vécu d'être condamné à cinq ans de prison dont trois avec sursis, en octobre 2005, tandis que Patrick Balkany, lui, était innocenté, le tribunal lui ayant accordé une relaxe. Quant à Pierre Bourgoin, il avait obtenu un non-lieu au terme de l'enquête. Il est parvenu à persuader les juges Jean-Paul Albert et Jacqueline Audax, au terme de l'instruction, que si des ententes illicites avaient été scellées, les entreprises les avaient « constituées à l'insu de l'Office ».

Au cours de l'audience, la représentante du parquet, Paule Arrault, soumise hiérarchiquement à la chancellerie, s'est montrée sévère à l'endroit de

l'ancien conseiller général. Elle a surtout soigneusement évité toute référence au financement occulte du
RPR, estimant dans ses réquisitions qu'il s'agissait
d'un « écran de fumée » utilisé par celui qui se présente alors comme « l'un des nombreux fantassins de
Chirac » pour s'exonérer de ses propres responsabilités. À l'audience, Schuller a refusé qu'on lui fasse
« porter toutes les turpitudes du RPR ». « Je n'étais
qu'un des stewards de la compagnie. Il y avait un président, un chef pilote, un chef steward », a-t-il clamé.
    « C'est un personnage vantard et fanfaron, imbu de
sa personne, voire mégalomane. Il aime la richesse et
le paraître, il a besoin d'être reconnu », a répliqué la
magistrate, ajoutant : « Est-il menteur, affabulateur,
ou les deux à la fois ? » Et Paule Arrault de conclure :
« Il faut espérer que tous les hommes politiques ne
sont pas des Messieurs Schuller. »
    L'appel formé par Didier Schuller a débouché
sur un second procès, en décembre 2006. S'il a vu
sa peine réduite, Didier Schuller a été définitivement
condamné (son pourvoi en cassation ayant été rejeté
en décembre 2007) en janvier 2007 par la cour d'appel
de Paris à trois ans de prison, dont un ferme, cinq
ans d'inéligibilité et une amende de 150 000 euros.
Il a cependant obtenu un aménagement de peine lui
évitant de retourner derrière les barreaux. Dans son
arrêt, la cour souligne que Schuller a eu beau « se
présenter comme un "soldat" de Patrick Balkany »
et affirmer « ne s'être consacré qu'à ses activités politiques sans jamais intervenir dans les décisions de la

commission d'appel d'offres, dont Pierre Bourgoin, technicien en matière de marchés de travaux publics, animait souvent les débats », il est « établi que c'est à l'arrivée de Didier Schuller, qui disposait d'une délégation générale de pouvoirs de la part de Patrick Balkany, qu'a été mis en place un vaste programme de rénovation de son patrimoine immobilier ». « Il est par ailleurs constant, concluait la cour d'appel de Paris, que Didier Schuller entretenait des relations personnelles avec les dirigeants des sociétés appelées à soumissionner, notamment avec ceux des sociétés des groupes Curtet, Mercier (appartenant à Henri Antona) et Poullain ; qu'il les invitait à des parties de chasse ou fréquentait les mêmes cercles maçonniques. » Bref, la justice n'a guère accordé de crédit aux arguments du conseiller général déchu.

Après ces deux éprouvants procès, Schuller, qui commençait à connaître de sérieux ennuis de santé, est retourné se ressourcer à Saint-Domingue, dans la maison qui appartient désormais à son ex, Christel. C'est là qu'il a eu la surprise, un jour, au cours de l'été 2006 – plus précisément du 8 au 15 août, selon l'agenda de Schuller –, de voir débarquer le bras droit de Balkany, Jean-Pierre Aubry, longtemps directeur du cabinet du maire de Levallois-Perret. « Il était en transit, il repartait à Saint-Martin voir Balkany pour son anniversaire, le 18 août. Il m'a dit : "J'ai 50 000 euros en liquide." C'était pour Balkany, évidemment. Et ce n'est pas tout, il m'a aussi confié que Balkany avait fait venir tout spécialement par avion pour la fête six cents bouteilles de chablis. Payées par qui ? »

Quand on lui rapporte les propos de Schuller, Jean-Pierre Aubry, désormais directeur général de la Semarelp, dit tomber des nues. « Est-ce que vous me voyez convoyer 50 000 euros en liquide ? C'est absurde, s'exclame-t-il. J'ai en effet croisé Didier Schuller à Saint-Domingue, concède-t-il, ce devait être à l'été 2003 de mémoire. Mais c'était par hasard, il se trouve que je passais mes vacances là-bas. Et je n'allais pas du tout voir Balkany à Saint-Martin. Tout cela me paraît un peu rocambolesque. » Très proche de Patrick Balkany, qui l'a nommé en avril 2008 à la tête de la toute-puissante Société d'économie mixte d'aménagement, de rénovation et d'équipement de Levallois-Perret (Semarelp), Jean-Pierre Aubry a été interpellé avec sa compagne, par la police judiciaire, au mois de mars 2012, dans le cadre de l'enquête sur les malversations commises au sein du cercle de jeux Le Wagram. Un établissement proche des Champs-Élysées sur lequel planait l'ombre de la mafia corse. M. Aubry a été remis en liberté à l'issue de la garde à vue sans qu'aucune charge ne soit retenue contre lui.

On comprend mieux en tout cas pourquoi Didier Schuller dit éprouver un tel sentiment d'injustice, lui, le seul « politique » à avoir été condamné dans l'affaire des HLM des Hauts-de-Seine.

« Au final, j'ai été jugé alors que Chirac était président de la République, ç'a été une catastrophe. Si Jospin avait été à l'Élysée, on serait revenu à la réalité, à mon avis. Il n'y avait aucune raison de me foutre de la prison ferme. Ce que j'ai fait, ça valait quinze mois avec sursis, grand maximum. Enfin, comme on me l'avait dit à l'époque : "Ferme ta gueule. Tout est réglé." Tu parles ! »

Ayant déjà effectué plusieurs semaines de détention provisoire, Didier Schuller n'est pas retourné en prison, mais a dû vivre plusieurs mois avec un bracelet électronique. Un drôle d'engin enserrant sa cheville et qu'il arborait comme un trophée, en soulevant le bas de son pantalon, devant ses amis ! « J'ai fait trois mois et demi de bracelet, d'accord, mais après tout, cela aurait pu être pire. Sauf que j'ai payé pour les autres, et que jusque-là je ne leur ai jamais présenté l'addition. Comme la justice n'a rien trouvé, elle n'a pas condamné les principaux organisateurs, ni les vrais bénéficiaires. Elle a condamné le connard qui s'est barré ! Comment j'ai pu être aussi con ? En fait, j'ai été victime de mes mauvaises fréquentations. Mais bon, après tout, je n'avais qu'à pas partir. Si j'étais resté, ç'aurait été beaucoup plus payant. En même temps, je ne veux pas faire de parano, mais est-ce qu'il ne me serait pas arrivé un "accident" ? C'est quand même parce qu'on m'a persuadé qu'il y avait un gros risque pour moi que j'ai pris la tangente… »

Maintenant, de tout cela, Didier Schuller entend faire table rase. L'heure serait à la rédemption. En 2010, la justice l'a rétabli dans ses droits civiques et a effacé sa condamnation de son casier judiciaire. Il peut reprendre son destin en main et, vingt ans après sa victoire-surprise face à Gilles Catoire aux cantonales de 1994, à Clichy, arracher enfin la mairie à son vieux rival socialiste. Pour reconquérir le pouvoir, il promet de mener une campagne exemplaire, sous les couleurs de sa petite formation, le Rassemblement des Clichois, un nom passe-partout, histoire de se placer à bonne distance du PS et de l'UMP, ses concurrents. Il jure surtout que l'on ne l'y reprendra plus. « Je n'achèterai même pas une gomme sans une facture en bonne et due forme, mes dépenses seront modestes et mes comptes seront justifiés au centime près. Je vais réhabiliter la vertu en politique et, paradoxalement, je suis le mieux placé pour le faire, vu par où je suis passé… »

Il se prétend aujourd'hui irréprochable.

Pour preuve de sa bonne foi, il décline son patrimoine. « Ce serait amusant que Balkany fasse la même chose, pas vrai ? ironise-t-il. Puis il égrène : Entre ma retraite et mes activités de conseil, je touche environ 6 000 euros par mois. Je loue une maison en Alsace moyennant 800 euros par mois. Je suis logé à Clichy par ma compagne, Véronique, qui me fait aussi profiter de sa maison de campagne dans l'Eure. Enfin, il me reste 25 % de l'appartement parisien qui appartenait à ma mère. »

À 66 ans, Didier Schuller se sent enfin en paix avec lui-même. Toujours drogué à la politique, la télé branchée en continu sur les chaînes d'infos, il zappe entre BFMTV, iTélé et LCI, observe avec indulgence les débuts difficiles de François Hollande, pour qui il conserve toujours une certaine sympathie. « Il a beaucoup de défauts, mais au moins, il est honnête ! Et puis, quand on connaît la situation du pays, je ne sais pas qui ferait beaucoup mieux. »

Il a été très surpris des répercussions de l'affaire, révélée par Mediapart, du compte suisse de Jérôme Cahuzac : « Un secret de Polichinelle, beaucoup de gens étaient au courant, à droite comme à gauche. Rien à voir avec une affaire d'État. D'ailleurs, Hollande est d'abord une victime dans cette histoire. L'erreur impardonnable a été de nommer ministre un type comme ça, connu comme le loup blanc. » Pour attester ses dires, il nous a même présenté l'un de ses amis, militant UMP du Lot-et-Garonne. Celui-ci soutient, sans preuve, qu'un dossier à charge incluant l'existence du compte suisse et visant Jérôme Cahuzac avait été remis à l'état-major de l'UMP dès la campagne présidentielle de 2012…

De la même manière, Didier Schuller redoute fort qu'un autre membre du gouvernement Ayrault ne soit rattrapé par l'opération « mains propres » engagée contre les exilés fiscaux. N'aurait-il pas hérité, tout comme lui, d'un compte familial dissimulé en Suisse ?

En homme d'expérience, il sait que le poison des affaires menace tous les gouvernements. Il n'est pas fâché, du coup, d'avoir coupé les ponts – on ne lui a pas vraiment laissé le choix, il est vrai – avec le milieu politique national. Trop brutal, trop injuste, trop malsain…

Et puis, il n'est pas seul.

Véronique, sa compagne, fille de bonne famille, « ma bourgeoise » ou « maman » comme il l'appelle en riant, le guide dans sa nouvelle vie. Ses trois filles aussi, avec qui il est en lien constant. Même son ancienne compagne, Christel Delaval, dont il est resté proche, contribue à sa sérénité retrouvée. Reste son fils, Antoine, qui l'a dénoncé en 2002, et dont il parle le moins possible. Il est des blessures qui ne cicatrisent pas.

De son incroyable parcours, il a tiré de nombreuses leçons. La principale est que « le fric fait partie de la politique. Il n'y a peut-être que les Français pour ne pas s'en apercevoir ! Tout le monde feint d'ignorer que la politique coûte de l'argent, beaucoup d'argent. Soit c'est celui des contribuables : quand on est maire, on peut faire croire à ses administrés qu'on leur offre des cadeaux de Noël, alors que c'est avec leur pognon qu'on les a achetés ! Soit l'on considère que le fric des contribuables doit être préservé, et alors on est obligé de s'adresser à des gens qui ont envie d'"investir" sur vous, des chefs d'entreprise par exemple. Après tout, n'est-ce pas plus sain ? Aux États-Unis, le lobbying est légal. En France, on appelle ça le trafic d'influence ».

Et les lois de financement de la vie politique ? Didier Schuller affiche une moue dédaigneuse. « Cela ne change rien au fait qu'il y aura toujours des valises de billets, soupire-t-il. Et puis, il faut être lucide : pour prendre l'exemple de Levallois, la plupart des habitants, si on les interroge, pensent que Balkany, malgré ses déboires judiciaires, est un bon maire et votent pour lui. Ce n'est pas parce qu'un maire est accroché pour des histoires qu'il ne peut pas être réélu triomphalement. En ce qui me concerne, pour l'élection municipale à Clichy, je suis persuadé que mon passé judiciaire ne me coûtera pas une voix. » Didier Schuller se dit même certain que les Clichois et les Français en général lui sauront gré d'avoir brisé la loi du silence.

À force de l'observer, de l'écouter, on repense à cette phrase lâchée par l'impavide enquêteur Harry Hole, le héros déjanté et déprimé créé par l'auteur de polars norvégien Jo Nesbø : « Le vrai monde est dirigé par deux sortes de gens. Ceux qui veulent le pouvoir, et ceux qui veulent l'argent. Les premiers veulent une statue, les autres du plaisir. Et quand ils commercent les uns avec les autres pour obtenir ce qu'ils veulent, la devise qu'ils utilisent s'appelle la corruption. »

Épilogue

Il faut croire que Didier Schuller était programmé pour se trouver mêlé, d'une manière ou d'une autre, à tous les scandales politico-financiers qui éclaboussent la droite depuis plusieurs décennies. Retiré des « affaires » depuis son retour en France, dix ans auparavant, le voilà rattrapé à l'automne 2012, de manière fortuite, par celle de Karachi, plus exactement par son principal protagoniste, l'intermédiaire d'origine libanaise Ziad Takieddine. L'homme d'affaires, qui n'a eu de cesse des années durant de le nier devant les juges Renaud Van Ruymbeke et Roger Le Loire, avant de finir par admettre l'évidence en juin 2013, est accusé d'avoir contribué au financement illégal des balladuriens, via d'astronomiques commissions touchées sur des contrats d'armement signés entre 1993 et 1995, notamment avec le Pakistan et l'Arabie Saoudite. Mis en examen à plusieurs reprises,

Takieddine a même été placé en détention provisoire du 31 mai au 2 septembre 2013 (une incarcération à l'origine de son changement de stratégie), les juges le soupçonnant d'avoir voulu s'enfuir à l'aide d'un « vrai-faux » passeport de… la République dominicaine. « Une véritable ânerie, soupire Schuller. S'il m'avait demandé conseil, je lui aurais dit que c'était la dernière connerie à faire, un passeport dominicain, c'est la meilleure façon de se faire repérer, je parle en connaissance de cause ! »

Fin 2012 donc, Didier Schuller est contacté via une connaissance commune par Ziad Takieddine, qui souhaite le voir. Amusé et curieux, Didier Schuller accepte. Il sait à qui il a affaire : « Même si je ne connaissais pas le nom de Takieddine à l'époque, j'avais entendu dans les préparatifs de la campagne présidentielle, fin 1994, que Balladur bénéficiait de financements extérieurs. Notamment des sommes issues du contrat Sawari II avec l'Arabie Saoudite. Et que des fonds provenant d'énormes marchés de génie civil allaient chez le ministre de la Défense François Léotard et au Parti républicain. »

L'entretien avec Takieddine a lieu au moment de l'apéritif, vers 19 heures, le 24 octobre 2012, dans le splendide hôtel particulier de l'homme d'affaires, avenue Georges-Mandel, dans le 16ᵉ arrondissement de Paris. Tapisseries d'époque, tentures rutilantes, lustres de cristal, quinze mètres de hauteur sous plafond… Didier Schuller découvre un appartement digne de la caverne d'Ali Baba, un peu trop tape-à-l'œil à son goût...

Et un drôle de bonhomme.

« Il était assez agité, bougeant sans arrêt, se souvient-il. Pour tout dire, il m'a fait mauvaise impression, je n'ai pas eu un bon feeling, et je n'ai pas donné suite à sa proposition. Il m'a expliqué qu'il voulait me voir pour me sous-traiter des contrats pour l'implantation du TGV aux Émirats arabes unis. Ses déboires, notamment son contrôle judiciaire, l'empêchaient de travailler directement à l'étranger. Et il savait que j'avais beaucoup – et bien – travaillé dans le Golfe. »

Poliment, Schuller écoute son hôte, lui dit qu'il souhaite réfléchir. En fait, il sait déjà qu'il va décliner la proposition de son interlocuteur, trop sulfureux, trop instable, et qui ne lui inspire vraiment pas confiance. La conversation glisse bientôt sur un sujet plus brûlant : l'implication du richissime homme d'affaires dans l'enquête des juges sur les ventes d'armes à l'Arabie Saoudite et au Pakistan, et les rétrocommissions afférentes. Huit mois avant de s'épancher devant les magistrats, l'intermédiaire se confie à l'ancien élu des Hauts-de-Seine. Sans doute parce que les deux hommes ont des choses en commun, le goût des arrière-cuisines, leur proximité avec la galaxie balladuro-sarkozyste, et le fait d'avoir été traités comme des pestiférés après avoir pourtant rendu de nombreux services. « J'ai senti qu'il en avait gros sur le cœur, raconte Schuller. Il avait le sentiment d'avoir été lâché. Alors il m'a confirmé qu'il avait été l'un des pivots du financement de la campagne de Balladur en 1995, et qu'il avait "nourri" plusieurs personnalités proches de Balladur et de Sarkozy. Il m'a donné le détail de ce qu'il avait remis aux uns et aux autres. Il m'a dit qu'il avait donné de l'argent directement à François Léotard, Renaud Donnedieu de Vabres, Thierry Gaubert, Nicolas Bazire et Jean-François Copé. Et cela, il me l'a confié devant un témoin, l'ex-épouse de l'un de ses avocats de l'époque, Me Marcel Ceccaldi. Cette femme connaissait bien Takieddine. Je me rappelle avoir répondu à Takieddine : "Moi, si j'étais vous, avec mon expérience personnelle, sachant que vous allez en prendre plein la figure, je dirais la vérité aux juges." Mais à ce moment-là, il a préféré changer de conversation. »

Rencontré à la fin de l'été 2013, Renaud Donnedieu De Vabres a refusé de confirmer ou d'infirmer cette accusation, réservant ses déclarations à la justice. Il a toutefois confié, à propos de cette affaire : « Je n'ai pas envie de me prendre une balle. » Nicolas Bazire, lui, a renvoyé sur son avocat, Me Frédéric Landon. Ce dernier assure que son client « n'a jamais reçu indirectement ou directement la moindre somme en espèces de M. Takieddine ». Thierry Gaubert n'a pas souhaité s'exprimer sur la question. Jean-François Copé, que Ziad Takieddine n'a jusqu'alors pas mis en cause devant les juges, nous a déclaré dans un simple SMS : « Je suis très surpris de telles allégations que je démens formellement. » M. Léotard, jamais impliqué non plus par M. Takieddine, n'a lui pas donné suite à nos sollicitations. Ziad Takieddine lui même n'a pas voulu nous répondre. L'un de ses avocats, Me Francis Vuillemin, nous a déclaré que si son client avait « bien mentionné MM. Bazire, Gaubert et Donnedieu de Vabres » devant lui, en revanche, il ne l'a jamais « entendu citer les noms de MM. Léotard et Copé comme bénéficiaires de remises en espèces. S'agissant de M. Copé, avec qui il entretient des liens d'amitié, il a simplement assumé le fait de lui avoir acheté une montre de valeur ».

Me Marcel Ceccaldi a confirmé que son ex-épouse, Nadia était « très proche de Ziad Takieddine depuis très longtemps, ce qui explique qu'elle ait pu assister à cet entretien avec Didier Schuller ». « J'avais eu connaissance de cet entretien entre les deux hommes au mois d'octobre 2012, ajoute l'avocat. Je ne doute pas que ce que rapporte Didier Schuller soit tout à fait exact. Mon seul motif d'interrogation concerne François Léotard : autant mon ancien client [Me Ceccaldi a abandonné la défense de l'intermédiaire en décembre 2012] a reconnu devant les juges avoir financé MM. Gaubert, Bazire et Donnedieu de Vabres, et offert une Rolex à M. Copé, autant il n'a jamais cité M. Léotard comme bénéficiaire de ses largesses. » Questionnée à son tour, Nadia Ceccaldi a confirmé point par point le récit de Didier Schuller. « C'est moi qui ai organisé cette rencontre, en octobre 2012, entre ces deux hommes que j'apprécie beaucoup, explique-t-elle. Il est exact que lorsque la conversation est venue sur l'affaire de Karachi, Ziad a confié à Didier qu'il avait remis de l'argent à MM. Bazire, Gaubert, Donnedieu de Vabres, Copé et Léotard. »

Cette discussion a-t-elle fait réfléchir l'intermédiaire favori des balladuriens puis des sarkozystes ? Peut-être. Une chose est certaine, ses confidences vont conforter et compléter la thèse des juges Van Ruymbeke et Le Loire, qui pourraient demander à Schuller de les réitérer devant eux...

Non, décidément, qu'il le veuille ou non, Didier Schuller n'en aura jamais fini avec les « affaires », avec cette hydre fertile qu'est la « French corruption ». Comme s'il avait été programmé, depuis toujours, pour être celui par qui le scandale arrive.

TABLE

*Cet ouvrage a été composé
par Nord Compo à Villeneuve-d'Ascq
et achevé d'imprimer en France
par CPI Brodard et Taupin
à La Flèche (Sarthe)
pour le compte des Éditions Stock
31, rue de Fleurus, 75006 Paris
en octobre 2013*

Stock s'engage pour
l'environnement en réduisant
l'empreinte carbone de ses livres.
Celle de cet exemplaire est de :
700 g éq. CO_2
Rendez-vous sur
www.editions-stock-durable.fr

PAPIER À BASE DE
FIBRES CERTIFIÉES

Imprimé en France

Dépôt légal : octobre 2013
N° d'édition : 01 – N° d'impression : 3001804
51-07-1689/2